Auf dem Weg zum Licht
Spirituelles Lesebuch
für die Advents- und Weihnachtszeit

Auf dem Weg zum Licht

Spirituelles Lesebuch

FÜR DIE ADVENTS- UND WEIHNACHTSZEIT

benno

Bibliografische Information der Deutschen Nationalbibliothek
Die Deutsche Nationalbibliothek verzeichnet diese Publikation
in der Deutschen Nationalbibliografie;
detaillierte bibliografische Daten sind im Internet
über http://dnb.d-nb.de abrufbar.

Besuchen Sie uns im Internet unter
www.st-benno.de

ISBN 3-7462-2498-5

04159 Leipzig, Stammerstr. 11
Zusammengestellt von Bettine Reichelt, Leipzig
Umschlaggestaltung: Ulrike Vetter, Leipzig, unter Verwendung eines Bildes von © alpline/Ludwig Mallaun
Gesamtherstellung: Kontext, Lemsel

INHALTSVERZEICHNIS

3. Adventswoche: Sich auf den Weg begeben

4. Adventswoche: Fragende Wegbereitung

Weihnachten: Glück des Menschen – Gott. Gottes Glück – der Mensch

Hinführung

Weihnachten, ein Weg

Weihnachten ist ein Weg. Scheinbar gehe ich alle Jahre den gleichen Weg: vom 1. Advent bis zum Weihnachtsabend, vom Besorgen bis zur Freude des Schenkens, von der Hektik der stillen Zeit bis zur Stille nach dem Fest. Alle Jahre wieder scheinbar das Gleiche: die gleichen Freuden, die gleichen Hoffnungen, die gleichen Fallen, in die ich tappen werde. Alle Jahre wieder.
Und zugleich bin ich ein Jahr älter geworden. Auch mein Weg mit dem Fest hat sich verändert. Das Fest verändert mich. Und der Weg zum Fest verändert mich. Die Freude des Kindes wird zum Zweifel des Heranwachsenden, der Zweifel des Heranwachsenden mündet in das Entdecken einer Tradition, die mich tragen könnte, das Leben mit der Tradition trägt mich ins Alter hinein. Entgegen all meiner Zweifel, entgegen dem Realismus der Zeit: Die alten Geschichten sind wahr. Anders wahr jedes Jahr, aber dennoch wahr. Der Weg, den ich mit Weihnachten gehen könnte, ist kein Weg, den ich gehen muss. Ich bin eingeladen zum Staunen und Entdecken,

eingeladen zum Aufbruch in eine Hoffnung, die auch dann noch gilt und trägt, wenn alle anderen Hoffnungen zerbrechen und schwinden. Niemand kann diesen meinen Weg mit der Zusage des Kindes gehen als ich allein. Und niemand wird darin die Zusage entdecken können, die Gott allein mir und meiner Art zu glauben vorbehalten hat. Ein Weg liegt vor meinen Füßen und vor meinem Herzen. Ob ich ihn gehe, entscheide ich mit dem ersten Schritt.

Bettine Reichelt

1. Adventswoche: In den Zeichen der Zeit

Seht, die gute Zeit ist nah

Seht, die gute Zeit ist nah,
Gott kommt auf die Erde,
kommt und ist für alle da,
kommt, dass Friede werde,
kommt, dass Friede werde.

Hirt und König, Groß und Klein,
Kranke und Gesunde,
Arme, Reiche lädt er ein,
freut euch auf die Stunde,
freut euch auf die Stunde.

Friedrich Walz

Tage, die kommen

Seht, es werden Tage kommen – Spruch des Herrn –, da erfülle ich das Heilswort, das ich über das Haus Israel und über das Haus Juda gesprochen habe. In jenen Tagen und zu jener Zeit werde ich für David einen gerechten Spross aufsprießen lassen. Er wird für Recht und Gerechtigkeit sorgen im Land. In jenen Tagen wird Juda gerettet werden, Jerusalem kann in Sicherheit wohnen. Man wird ihm den Namen geben: Jahwe ist unsere Gerechtigkeit.

Jer 33,14-16

Advent, eigentlich

Die eigentlichen Themen des Advent sind nicht der Schnee, nicht die Kälte, und keine Geschichten von Tieren und kleinen Kindern. – Um Recht und Gerechtigkeit, darum geht es – und darum zu allererst. Für Recht und Gerechtigkeit wird er sorgen, der Messias, von dem die Bibel spricht. Und der Prophet Jeremia denkt dabei nicht etwa an irgendeine jenseitige, er denkt an eine sehr diesseitige Gerechtigkeit.

Die Adventszeit, wie sie von Christus her zu verstehen ist, ist keine Zeit der rührseligen Geschichten und erst recht keine Zeit für schöne Einkaufsbummel oder Glühwein auf irgendwelchen Weihnachtsmärkten. Es ist eine Zeit für all diejenigen, die unter die Räder gekommen sind, für jene, die entlassen wurden und immer noch werden, damit die Aktienkurse der Großkonzerne weiter steigen, für alle, die verschaukelt wurden und immer noch werden, von den Global Players unserer Wirtschaft, wenn wieder einmal ganze Sparten outgesourct werden, um sie dann morgen schließen zu lassen. Die Adventszeit ist den Hartz-IV-Empfängern gewidmet und den stummen Schreien, den Schreien, die niemand hört, angefangen auf den Hochplateaus der Anden über die Hungergebiete Schwarzafrikas bis hin zu ganzen Straßenzügen auch hier in Bruchsal, Schreien, die im Getöse der Globalisierung untergehen und über die die Dampfwalzen von wirtschaftlichen Verflechtungen, Sachzwängen und politischer Lobbyarbeit hinwegrollen.
Recht und Gerechtigkeit wird er bringen, der Messias, von dem die Bibel spricht. Und es ist eine andere Gerechtigkeit, als die, die wir aus den Glaspalästen der Politik vernehmen können, wo man Werte beschreibt, die man christlich nennt, die in der Umsetzung aber kaum

noch etwas vom Geist des Christentums atmen, sondern fast immer vorab denen zugute kommen, die sowieso schon lange ihre Schäfchen ins Trockene gebracht haben.
Recht und Gerechtigkeit wird er durchsetzen, gegen jede Maschinerie, die sich ihm in den Weg stellen wird. Das ist die Adventsgeschichte der Bibel. Und sie macht frösteln, wenn man sie vernimmt.
Es ist kein einfacher Text, und kaum einer von uns dürfte nicht erst einmal ganz tief schlucken bei den Zeilen, die uns das Evangelium zum Auftakt der Adventszeit zumutet. Denn es ist davon die Rede, dass Zeichen sichtbar werden, an Sonne und Mond und Sternen und auch auf der Erde. Und die Völker werden bestürzt und ratlos dastehen über das Toben und Donnern des Meeres. Vor Angst werden sie vergehen, die sich um das Geschrei der Entrechteten bislang einen Dreck geschert haben.
Aber genau jene, genau jene Entrechteten, werden aufatmen dürfen. Denn wenn all das beginnt, dann richtet euch auf, und erhebt eure Häupter: denn eure Erlösung ist nahe!
Was für eine Botschaft, welche Aktualität und welche politische Sprengkraft. Und trotzdem, trotzdem dass auch ich jedes Mal erst einmal kräftig schlucken muss, wenn ich diese Sätze des Evangeliums höre – trotzdem – wie oft schon

habe ich mir gewünscht, dass diese Verheißung doch endlich in Erfüllung gehen möge.

Jörg Sieger

Zeit der Erwartung

„Adventszeit ist Erwartungszeit, nicht Vertröstungszeit“, sagt Pierre Stutz. „Sie will zum Aufbruch bewegen, zu mehr Menschlichkeit. Gottes Ankunft ereignet sich in jedem Menschen, der mehr er selbst wird, der seine Aufgabe in dieser Welt deutlicher entdeckt und lebt. Da kommt Gott ihm und uns entgegen als innere Lebenskraft, die immer schon da ist! Doch ohne bewusste Aufmerksamkeit lebe ich an dieser Hoffnung stiftenden Wirklichkeit vorbei.“
Es geht darum, täglich bewusst zu leben. Was macht mich froh, was macht mich traurig, was beängstigt, ermutigt, empört mich. Es geht darum, den Alltag bewusst zu erleben, dabei aber nicht zu urteilen und nicht zu bewerten. Es geht darum, sich und den anderen mit einem wohlwollenden Blick zu begegnen. Dieser Blick für das Wesentliche und Verbindenden lebt aus dem Vertrauen, dass Gott sein Ja zu uns gesprochen hat und mit uns ist.

Advent heißt „Ankunft“. Wir kennen den Seufzer „Ich bin noch nicht ganz da. Lass mich doch erst einmal ankommen“ – etwa vor Sitzungen oder Gruppenstunden oder auch bei privaten Treffen. Ankommen. Im Hier und Jetzt ankommen. Nicht mehr in Gedanken bei dem sein, was schon alles war heute und auch noch nicht bei dem, was sein wird später an diesem Tag. Ankommen.
Wir feiern im Advent die Ankunft Jesu Christi in unseren Herzen. Ist er schon da? Nehmen wir Gottes Ankunft bei uns wahr? Oder sind unsere Tage so voller Hektik, dass wir nicht einmal wissen, ob wir selber irgendwo angekommen sind? Christus ist schon längst da. Vielleicht haben wir das nur noch nicht gespürt und uns darauf eingelassen. Karl Valentin hat gesagt: „Ich bekomme heute Abend Besuch. Ich hoffe, dass ich daheim bin.“ Wir sind oft nicht bei uns daheim. Und dann nisten sich viele andere Dinge ein. Weil wir unseren Platz in uns nicht verteidigen. Weil wir Christus, die Quelle, aus der wir leben, nicht wahrnehmen in uns. Advent könnte auch „Müllentsorgung“ bedeuten. Raus mit allem, was unnötig belastet, das Leben erschwert und rein mit den Dingen, Gefühlen und Gedanken, die guttun und uns aufatmen lassen. Wachsam in der Gegenwart leben. Beten. Sich Zeit nehmen für Christus in uns, Christus, der ankommen will

bei uns. Zeit nehmen, anzukommen bei uns selbst. [...]
Adventszeit als Erwartungszeit. Was erwarten wir vom Leben? Erwarten wir genug? Erwarten wir nichts? Was erwarte ich im Hier und Jetzt? Für mich persönlich, für diese Welt, für die Menschen um mich herum? Erwarte ich, dass sich mein Engagement für eine gerechtere Welt lohnt? Erwarte ich, dass ich mich als Mensch, als Ebenbild Gottes, immer mehr entfalten darf und soll? Oder warte ich ab, ob und dass etwas passiert? Gestalte ich aktiv und erwartungsvoll mein Leben? Und bin ich in Erwartung, dass Gott sich zeigt in meinem Leben? Anders als erwartet.
[...] Bei der Erwartung geht es um eine Blickrichtung nach vorne, die Offenheit für Entwicklungen und Neues und Unerwartetes. Es geht nicht um Festgelegtes wie z. B. „Ich erwarte mir, dass du dein Zimmer aufräumst, dass du mir schreibst, dass du anrufst, dass du brav bist, dass du Rücksicht nimmst, dass Weihnachten ein schönes Fest wird." Damit ist ein klares Bild da, festgelegt. Und mit Forderungen verbunden. Wenn wir aber sagen: „Ich erwarte dich!", dann schwingt da Freude mit, Zuneigung, Offenheit. „Egal, wann du kommst, ich erwarte dich!" [...]
Die Frage ist: Habe ich Erwartungen oder bin ich in Erwartung (Andrea Schwarz)? Habe ich ein Bild davon, was in diesen Tagen geschehen wird,

oder bin ich offen dafür, wie Advent und Weihnachten, wie mein Leben sich gestalten? Wer feste Bilder hat, wird ziemlich sicher enttäuscht. Entweder weil es ganz anders sein wird oder gerade, weil das festgelegte Bild bestätigt wird. Es gibt keinen Raum für Überraschungen, Entwicklungen, Neues. Keinen Raum für das Abenteuer Leben. Wenn wir erwartend und neugierig jeden Tag neu das Leben erwarten, Gott erwarten, uns bereit machen, dann erleben wir das Leben auch immer mehr als Geschenk und spannend. Dann werden wir immer mehr bereit, uns auf Gott einzulassen. Dann sind wir bereit, auch auf Impulse zu antworten und in Bewegung zu sein. Für uns, für andere, für die Welt. Dann tut sich was, dann verändert sich die Welt.

Anke Neuenfeldt

Jesus, das Licht der Welt

Dein Licht, das mich bestrahlt, o Christus,
weckt das Leben.
Denn dich zu schaun, heißt Rückkehr in das Leben,
heißt von den Toten auferstehn.
Was mir dein Bild gebracht, ist unaussprechlich.
Doch das weiß ich gewiss und kenne es:
Ob mich nun Bande, Hunger und Gefängnis
fesseln
oder gar schwere Beschwerden mich beschweren:
Erstrahlt dein Licht, wird alles mir wie
Finsternis vertrieben und verscheucht
In Ruhe und im Licht und in des Lichts Genießen
seh' ich mich plötzlich hingestellt durch deinen
Gottesgeist.

Symeon, der Theologe

Was ist der Mensch ...

Es ist schon eine Art Revolution des Neuen Bundes, dass Gott spricht. Er teilt sich mit, dadurch, dass er schafft, dadurch, dass er uns beim Namen ruft, dadurch, dass er seinen Sohn in die Welt schickt, um uns zu befreien und zu erlösen. Weihnachten sagt darum ganz Entscheidendes aus über das Bild Gottes. Dadurch, dass Gott Mensch wird, sagt es aber auch noch sehr viel mehr aus über den Menschen, über die Würde des Menschen: dass Gott in ihm Wohnung nehmen kann, dass, wenn Gott in die Welt kommt, er Gott bleibt, auch wenn er ein Mensch wird. Und es sagt, dass der Mensch wirklich fähig ist, diesen Gott zu empfangen, nicht im Sinn einer schlechten Vermischung: Gott bleibt Gott, und der Mensch bleibt Mensch.

Gott ist wirklich Mensch geworden. Darum sagt Weihnachten so viel über den Menschen – aber nur von Gott her. Nicht weil wir das alles aus uns selber wüssten, nicht weil das alles einfach eine anthropologische Weisheit wäre, die wir selbst erfinden könnten. Gott zeigt uns, was der Mensch ist und wer der Mensch ist. Und er zeigt uns dies auf eine ganz unvermutete Weise.

Er nimmt nicht Platz in einem fertigen Genie, irgendeinem Idol, das die Massen anbeten, sondern er kommt im Zeichen des Widerspruchs, in einem kleinen Kind. Er kommt als Kind, das sich nicht wehren kann, das alles, was wir sonst in der Welt mit hohen Auszeichnungen versehen, nicht hat. [...]

Jesus stellt das Kind in die Mitte, er selbst wird als ein Kind in unserer Mitte sichtbar. Damit wird die Würde eines jeden Menschen, auch wenn er klein ist, auch wenn er schwach ist,

auch wenn er arm ist, auch wenn er behindert ist, deutlich.
Gott zeichnet den Menschen aus, Gott schenkt ihm die Würde, darum können wir sie ihm auch nicht nehmen. Wir sind es nicht, weder der Staat noch sonst irgendjemand, der dem Menschen die Würde gibt.
Hier ist ein Maß vor allen anderen Maßstäben unseres Lebens: das Kind in der Mitte, seine Würde.

Karl Kardinal Lehmann

Allmächtiger Gott

Almighty God,
give us grace that we may cast away
 the works of darkness,
and put upon us the armour of light,
now in the time of this mortal life,
in which thy Son Jesus Christ came to visit
 us in great humility;
that in the last day,
when he shall come again in his glorious
 Majesty,
to judge both the quick and the dead,
we may rise to the life immortal;

through him who liveth and reigneth
with thee and the Holy Ghost
now and ever.

The Book of Common Prayer

Allmächtiger Gott

Allmächtiger Gott,
gib uns die Gnade, dass wir die Werke der
    Finsternis ablegen
und die Rüstung des Lichts anlegen,
auch jetzt, in unserem vom Tod bedrohten Leben,
in dem der Sohn Gottes zu uns kommt
in großer Barmherzigkeit,
damit wir in den letzten Tagen,
wenn er in seiner glorreichen Majestät kommt,
um beide zu richten, die Lebenden und die Toten
zum unvergänglichen Leben erwachen können,
durch ihn, der mit dir und dem Heiligen Geist
    lebt und regiert
jetzt und immer.

Übersetzung von Bettine Reichelt

2. Adventswoche:

Eine Ahnung von Heil

Um hier und jetzt

Reiß die Wolken auseinander und komm.

Hier, jetzt, sei unser Gott – wer sonst?

Niemand sonst hat uns gesucht,
niemand hat unser forteilendes Herz
umgewendet, unsere widerspenstige
Seele angeredet als du.

Niemand sonst hat gerufen
wie ein Verliebter: hier bin ich, hier bin ich,
das ist mein Leib, öffne mich, iss mich,
trink meine Seele, verteil mich, hier bin ich.

Wie ein Verlorener hast du gerufen,
und unser Herz kehrte um und hörte.

Wo bist du jetzt? Wo bleibt deine Leidenschaft?

Bist du nicht mehr der eine von damals?

Huub Oosterhuis

Unter der Herrlichkeit Gottes

Leg ab, Jerusalem, das Kleid deiner Trauer und deines Elends und bekleide dich mit dem Schmuck der Herrlichkeit, die Gott dir für immer verleiht. Leg den Mantel der göttlichen Gerechtigkeit an; setz dir die Krone der Herrlichkeit des Ewigen aufs Haupt! Denn Gott will deinen Glanz dem ganzen Erdkreis unter dem Himmel zeigen. Gott gibt dir für immer den Namen: Friede der Gerechtigkeit und Herrlichkeit der Gottesfurcht. Steh auf, Jerusalem, und steig auf die Höhe! Schau nach Osten und sieh deine Kinder: Vom Untergang der Sonne bis zum Aufgang hat das Wort des Heiligen sie gesammelt. Sie freuen sich, dass Gott an sie gedacht hat. Denn zu Fuß zogen sie fort von dir, weggetrieben von Feinden; Gott aber bringt sie heim zu dir, ehrenvoll getragen wie in einer königlichen Sänfte. Denn Gott hat befohlen: Senken sollen sich alle hohen Berge und die ewigen Hügel und heben sollen sich die Täler zu ebenem Land, sodass Israel unter der Herrlichkeit Gottes sicher dahinziehen kann. Wälder und duftende Bäume aller Art spenden Israel Schatten auf Gottes Geheiß. Denn Gott führt Israel heim in Freude, im Licht seiner Herrlichkeit; Erbarmen und Gerechtigkeit kommen von ihm.

Baruch 5,1-9

Zeit der Hoffnung

Der Advent ist die spirituelle Zeit der Hoffnung schlechthin, und in ihm ist die ganze Kirche dazu aufgerufen, zur Hoffnung zu werden – für sich selbst und für die Welt. Der ganze geistliche Organismus des mystischen Leibes nimmt sozusagen die „Farbe" der Hoffnung an. Das ganze Volk Gottes bricht wieder auf, angezogen von diesem Geheimnis: dass unser Gott „der Gott" ist, „der kommt" und uns auffordert, ihm entgegenzugehen. Auf welche Weise? Vor allem in jener universalen Form der Hoffnung und der Erwartung, die das Gebet ist, das seinen herausragenden Ausdruck in den Psalmen findet: Die Psalmen sind menschliche Worte, in die Gott selber den flehentlichen Ruf nach seinem Kommen auf die Lippen und in die Herzen der Gläubigen gelegt hat und dies unablässig weiter tut. [...]
„Herr, ... eile mir zu Hilfe" (Ps 141,1). Das ist der Schrei eines Menschen, der sich in ernster Gefahr befindet, aber es ist auch der Schrei der Kirche inmitten der vielen Gefahren, die sie umgeben und die ihre Heiligkeit bedrohen, jene untadelige Integrität, von welcher der Apostel Paulus spricht, die aber für die Ankunft des Herrn bewahrt werden muss. Und in dieser Anrufung erklingt auch der Ruf aller Gerechten, all derer, die sich dem Bösen widersetzen, den

Verlockungen eines unangemessenen Wohlstandes, den Vergnügungen, die eine Beleidigung sind für die menschliche Würde und die Lebenssituation der Armen. Zu Beginn des Advents macht sich die Liturgie der Kirche diesen Ruf wieder zu eigen und lässt ihn zu Gott aufsteigen „wie ein Rauchopfer" (Ps 141,2). Die abendliche Darbringung des Rauchopfers ist nämlich ein Symbol des Gebets, des Ausströmens der Gott, dem Allerhöchsten, zugewandten Herzen, wie auch »das Erheben der Hände als Abendopfer« (vgl. Ps 141,2). In der Kirche werden heute keine materiellen Dinge mehr geopfert, wie es im Tempel von Jerusalem noch der Fall war, sondern es steigt die spirituelle Opfergabe des Gebets auf, in Verbundenheit mit dem Gebet Jesu Christi, der zugleich Opfergabe und Priester des neuen und ewigen Bundes ist. In dem Ruf des mystischen Leibes erkennen wir die Stimme des Hauptes selbst, des Sohnes Gottes, der unsere Prüfungen und Versuchungen auf sich genommen hat, um uns die Gnade seines Sieges zu schenken.

[...] Tatsächlich kann nur eine zuverlässige, untrügerische Hoffnung eine „österliche" Hoffnung sein, wie uns an jedem Samstagabend der Hymnus aus dem Brief an die Philipper erinnert, mit dem wir den menschgewordenen, gekreuzigten, auferstandenen Christus und Herrn des

Universums preisen. Auf ihn richten wir den Blick und das Herz, in geistlicher Verbundenheit mit der Jungfrau Maria, Unserer Lieben Frau des Advents. Legen wir unsere Hand in die ihre und treten wir voll Freude in diese neue Gnadenzeit ein, die Gott seiner Kirche zum Heil der ganzen Menschheit schenkt. Wie Maria und mit ihrer mütterlichen Hilfe machen wir uns gefügig für das Wirken des Heiligen Geistes, auf dass uns der Gott des Friedens vollkommen heilige und die Kirche zum Zeichen und Werkzeug der Hoffnung für alle Menschen werde.

Benedikt XVI.

Adventsmeditation

Advent – eine Zeit des Wartens
Wir wünschen uns vieles –
doch nicht alles erfüllt sich.
Manches, was wir unternommen haben,
war anscheinend vergeblich.
Und doch sind wir voller Erwartung:
Gott kommt in diese Welt.

Advent – eine Zeit der Hoffnung
Wir sehen Gewalt und Unrecht auf der Erde.

Bilder von Hunger und Krieg schrecken uns auf.
Und doch glauben wir:
Nach Gottes Willen soll alles anders werden.

Advent – eine Zeit der Vorfreude
... und doch ... und trotzdem:
Wir lassen uns nicht lähmen
von Sorgen, Enttäuschungen,
durchkreuzten Lebensplänen und Ängsten.
Wir glauben – trotz allem –
Gott will uns Freude schenken.

Advent – diese Zeit sagt uns:
Unser Warten, unsere Hoffnung
und unsere Vorfreude
haben Sinn und Ziel.
Bei dir, du treuer Gott, sind all unsere Sehnsucht
und Hoffnung aufgehoben.

Als Zeichen unserer Hoffnung
entzünden wir die Kerze am Adventskranz.
Sie macht unsere
Dunkelheit hell.

Als Zeichen unserer Sehnsucht
stellen wir kahle Zweige in unsere Mitte.
Sie lassen uns auf neues Leben hoffen.

Quelle unbekannt, Überarbeitung Margret Färber

Ein Traum vom anderen Leben

Wüste und Wildnis jubeln, die Steppe steht in voller Blüte, Wasserbäche und Teiche erfüllen die Wüste anstelle des glühenden Sandes. Einen geraden Weg gibt es durch die Wüste, auf dem die Befreiten gehen können, ohne dass sie von wilden Tieren bedroht, vom Verirren in der Einöde gefährdet sind. Wenn man die Worte unseres Textes hört, so klingen sie zunächst weniger wie der Traum der Befreiung aus Unterdrückung und Exil, sondern eher wie der Traum der Verwandlung der Wüste in fruchtbares Land. Eher ein ökologischer Traum als ein politischer? Warum gilt die Aufmerksamkeit in diesen Prophetenworten so sehr der Natur, dem Weg durch die Wüste? Warum dieses Augenmerk auf den Weg? Ist nicht das Ziel viel wichtiger, und müsste nicht zuallererst von der Knechtschaft und dem Exil die Rede sein, von dem sich die so Träumenden wegträumen? [...]
Die Bilder der grünen Wüste sind die Umkehr dessen, was diese Menschen erlebt haben: eine Landschaft ohne Wasser, ohne Weg, glühender Sand, der die Füße verbrennt, wilde Tiere, eine endlose Landschaft, die die Menschen, die sie betreten, aufs äußerste gefährdet. Diese Wüstenlandschaft spiegelt nicht nur die realen Wegerfahrungen der Deportation wider, sie sind

auch so was wie eine emotionale Geografie. Die Landschaft der Wüste bringt die Zerstörung der Mauern und der Seele ins Wort. Und inmitten dieser Zerstörung träumen sich die Deportierten auf den Weg nach Hause.

In der Imagination dieses Weges gehen die Träumenden ihren eigenen Weg, durchqueren sie eine freundliche Wüste, Schritt für Schritt, Wort für Wort, von Quelle zu Quelle, von Bild zu Bild. Mancher mag das Sichwegträumen als Verdrängung, als Vertröstung verstehen. Aber es ist mehr. Träume transportieren Hoffnung und stiften eine imaginative Kraft, die am Leben bleiben lässt. „Wer hofft, sieht hin!" So hat es Elie Wiesel einmal formuliert, und er fügt hinzu: „Das Gegenteil von Hoffnung ist nicht Verzweiflung, sondern Gleichgültigkeit." Sprachbilder und Metaphern können gegen Gleichgültigkeit und Resignation ansprechen. Sie eröffnen einen Raum, in dem freies Gehen möglich ist. Manchmal gehen Worte und Träume der Hoffnung voraus, manchmal führen Worte nach Hause.

In der Lektüre eines Buchs mit dem Titel „Die Kunst des Handelns" – und auch Träume können Handlungen sein – stieß ich auf Sätze, die von dieser Verbindung von Wegtraum und Hoffnung, Imagination und Sprachbildern erzählen. Der Philosoph Michel de Certeau bringt es so ins Wort: „Im heutigen Athen heißen die kommunalen Verkehrsmittel *metaphoroi*. Um zur Arbeit zu fahren oder nach Hause zurückzukehren, nimmt man eine ‚Metapher' – einen Bus oder einen Zug. Auch die Geschichten könnten diesen schönen Namen tragen: Jeden Tag durchqueren und organisieren sie die Orte; sie wählen bestimmte Orte aus und verbinden sie miteinander; sie machen aus ihnen Sätze und Wegstrecken. Sie sind Durchquerungen des Raumes."

Der Traumweg, der in unserem Predigttext entworfen wird, verbindet die zerstörte Vergangenheit mit einer befreiten Zukunft und lässt so Aufbrüche wagen. Die Zukunft wird erträumt, damit die Trümmer der Vergangenheit die Hoffnung nicht endgültig zum Schweigen bringen.

Ein Gegentraum also, ein Traum gegen die erfahrene Realität. Nicht nur, wovon Menschen träumen, lässt sich fragen, sondern auch, wogegen sie träumen. [...]

In der Hoffnung [...] meldet sich das reale Leid derer, die dem Elend (das ist das alte deutsche Wort für das Exil) einstweilen nur im Traum zu entrinnen vermögen; in der Sehnsucht wird der Schmerz erkennbar. Schmerz und Sehnsucht sind die Eltern der Utopie. Die Sehnsucht nach dem ganz anderen lässt den Schmerz nicht geringer werden, sondern womöglich noch größer. Warum ist es denn nicht so, wie es sein soll, sein kann? Warum das Elend, warum die Gewalt? Die Gewissheit, dass das, was ist, nicht alles ist, nimmt dem, was ist, nichts von seiner Realität. Aber die Gewissheit, dass das, was ist, nicht alles ist, nimmt dem, was ist, den Charakter des unausweichlichen Schicksals. Es kann anders werden, alles kann anders werden. Im Lichte dieser Verheißung verliert die Gegenwart des Elends nichts von ihrem Schrecken, nichts von ihrer Realität. Aber dem, was ist, kann im Lichte solcher Verheißung, solcher Traumwege und Wegträume bestritten werden, dass es „nun einmal so" ist. Solche Hoffnung ist weder falsche Vertröstung, noch ist sie der Ausweis eines pausbäckigen Optimismus. Denn zunächst bleibt es bei der Aufgabe zu sehen, was ist. Noch einmal Elie Wiesel: „Wer hofft, sieht hin! Das Gegenteil von Hoffnung ist nicht Verzweiflung, es ist Gleichgültigkeit." – Dazu gehört ein anderer Satz: „Nur um der Hoffnungslosen willen ist uns die Hoffnung gegeben." Solche Hoffnung bleibt nicht bei sich, wird nicht zum bloßen Gemütszustand. Solche Hoffnung ist keine leistungssteigernde Form des „positiven Denkens" und keine Durchhalteparole. Eine Hoffnung, die unaufmerksam werden lässt für die reale Lage der Hoffnungslosen, ist weder eine biblische noch eine christliche Tugend, sondern ein bürgerlicher Luxus. [...]

„Das Leben ein Traum" – so heißt ein Theaterstück des spanischen Dichters Calderon aus dem

17. Jahrhundert. Franz Grillparzer hat zwei Jahrhunderte später für eines seiner Stücke die Worte vertauscht: „Der Traum ein Leben“ heißt es bei ihm. Leben und Traum können in beiderlei Richtung zusammenkommen. In der Bibel haben Träume ein eigentümliches Doppelgesicht. Der Prophet Jeremia hat härteste Worte für die seiner „Kollegen", die ihre Träume mit dem Wort Gottes verwechseln und ihre Wunschträume als Wahrheit ausgeben. Doch an anderen Stellen, ich denke an Josef oder an Daniel, können Träume die Wirklichkeit erkennbar machen. Freilich, ich denke abermals an die Josefsgeschichte: Die Träume bedürfen der Deutung. Und keineswegs bilden die Träume exakt das ab, was sein kann und sein wird. Es bedarf der Verwandlung des Traums in ein Handeln, und beim Handeln kann sich zeigen, dass die Wirklichkeit mehr an Spielraum lässt als der Traum ahnen ließ. Die Träume mit der Wirklichkeit zu verwechseln, kann schlimm sein, noch viel schlimmer wäre es aber, anderen und sich selbst das Träumen abzugewöhnen. [...]
In den Traum von der Befreiung aus Gefangenschaft und Exil ist das Wissen gegenwärtig, dass Gerechtigkeit immer vorausgehen muss und die Erinnerung an die Verletzungen und Narben die befreiten Schritte immer begleiten wird. Dennoch spiegelt sich die Freude über die Befreiung

auf den Gesichtern und in der blühenden Wüste. Kein Bild kann verrückt genug sein, um diese Freude auszudrücken, kein Wegtraum zu fantastisch, um den Traumweg zu gehen. [...]

Ulrike Bail / Jürgen Ebach

Eine Ahnung von Heil

„Schnee in Giverny“ hat Claude Monet sein Gemälde benannt, das er vor mehr als einhundert Jahren mit Öl auf Leinwand malte. Nur schemenhaft sind die Häuser zu erkennen, ein Weiler, ein kleines Dorf, davor Ackerland. Alles weiß bedeckt. Wie ein Vorhang aus dünner weißer Seide verschleiert Nebel und Schnee die freie Sicht. Konturen, mehr nicht, lassen erahnen, was vor uns liegt. Eine Szene, wie wir sie von winterlichen Landschaften kennen. Ein Bild auch für unser Leben und unseren Glauben.
„Bist du der, der kommen soll, oder müssen wir auf einen anderen warten?“ Seine Frage kann Johannes Jesus nicht selber stellen. Darum schickt er seine Jünger. Es ist der Wunsch nach Gewissheit, nach Verlässlichkeit, nach Wahrhaftigkeit, die ihn bewegt. Er ist sich nicht sicher, ob sein Warten an ein Ziel gekommen ist.

Eine Ahnung hat er, aber die Konturen sind verschwommen: „Bist du der, der kommen soll, oder müssen wir auf einen anderen warten?“
Jesus gibt auf diese Frage keine Antwort. Jesus könnte jetzt alles klar machen. Alle Unsicherheiten oder Zweifel ausräumen. Stattdessen sollen die Jünger des Johannes ihrem Meister erzählen, was sie selbst hören und sehen: „Blinde sehen wieder, und Lahme gehen; Aussätzige werden rein, und Taube hören; Tote stehen auf, und den Armen wird das Evangelium verkündet.“ – Was geschieht hier?
Ihre eigenen Erfahrungen sollen zur Antwort werden. In dem, was ihnen begegnet, was sie sehen und hören, kommen sie dem Geheimnis Jesu nahe. Von sich selbst weist Jesus weg auf die Konkretheit von Heil im Leben der Menschen, in ihrer Umgebung, in der Zeit und im Raum. Das Hinschauen und Hinhören, die Wahrnehmung von Leben bringt uns Gott näher.
Aber sind diese Heilserfahrungen wirklich so offensichtlich? Können wir das so eindeutig festmachen, dass wir sagen können: Hier und da ist es so? Oder bleibt nicht mit jeder Heilung auch die Angst, dass da wieder etwas aufbricht von der Wunde, dass wir, was wir empfangen haben, wieder verlieren könnten? Der Blick auf die eigenen, heilen Lebenserfahrungen lässt uns Jesus

Christus, lässt unseren Gottesglauben nicht fragloser oder vertrauter werden.
Vielleicht gleicht diese bleibende Fragwürdigkeit unserer Lebenserfahrungen ein Stück der Verunsicherungen Israels im Exil. Das Exil wird als Entfremdung erlebt: Die Heimat, der Tempel als religiöse Mitte und Ort der Gottesgegenwart sind fort. Die Gottesbeziehung ist gebrochen, er selbst hat sich zurückgezogen. Inmitten dieser Fremde werden Töne angeschlagen, die eine neue Wirklichkeit eröffnen wollen. Ermutigung zum Aufschauen und zum Aufrichten. „Erschlaffte Hände stärket, festigt wankende Knie, sprecht zu den Herzverscheuchten: Seid stark, fürchtet euch nimmer, da: euer Gott!"
Gott ist nicht ferne. Er ist da. Er ist da, wo ihr wahrnehmt, wie er das Heil in eurem Leben wirkt. Wo etwas zwischen euch neu wird. Zwischen euch Herzverscheuchten. Die Prophetie des Jesaja ist eine Einladung zur Wahrnehmung der Heilsspuren im Leben. Sie verbürgen, dass Gott sein Volk nicht vergessen hat. Aber es ist ein Leben in der Verbannung, in der Wüste und es sind Heilsspuren an Verwundeten. Es sind die Herzverscheuchten, die Gottes Gegenwart zugesagt bekommen. So ergreifend diese Heilserfahrungen benannt werden, so zerbrechlich sind sie und bleiben sie. Das heilsvolle Wirken Gottes ereignet sich eben an Verwundeten. „Bist du der,

der kommen soll, oder müssen wir auf einen anderen warten?"
Wir sehnen uns nach Klarheit und Vergewisserung für unser Leben und in unserem Glauben an Gott. Die Lesungen der Heiligen Schrift bezeugen uns, dass Gott selbst sein Heil wachsen lässt. Es ist eine Wirklichkeit. Und wir Herzverscheuchten halten Ausschau und nähern uns ihm an. Wie ein Vorhang aus dünner weißer Seide verschleiert Nebel und Schnee die freie Sicht. Konturen, mehr nicht, lassen erahnen, was vor uns liegt.
Konturen und eine Ahnung von Heil.

Markus Bolowich

Ich erlaube mir, nicht perfekt zu sein

Die Plakatsäulen sind voll von coolen Menschen, die jung und schön sind, immer lächeln, eine perfekte Figur haben und scheinbar wirklich glücklich sind. Sie prägen ganz subtil unser Menschenbild, obwohl wir alle wissen, dass uns da eine künstliche Welt gezeigt wird, in der es keine Brüche und Schattenseiten geben soll.
Auch spirituelle Menschen sind in der Gefahr,

sich mit hohen Idealen zu überfordern. Unsere Sehnsucht nach Licht, nach Himmel, nach Ruhe und nach Ganzsein ist groß. Sie soll uns auch nicht genommen werden. Wir brauchen mehr denn je Idealistinnen und Idealisten, Menschen mit Visionen. Zu meiner Lebensvision gehört eine Spiritualität der Unvollkommenheit, ein ehrliches Eingestehen von Brüchigkeit und Bedürftigkeit, die ich auch zum Ausdruck bringen darf.

Mir wird warm ums Herz, wenn Frauen und Männer ganz bei sich sind, wenn sie authentisch werden, indem sie ihre Trauer und Wut, ihre Lebensfreude und Begeisterung ausdrücken. Da ereignet sich intensivstes Leben. Da entsteht eine beziehungsreiche Nähe zum wirklichen Menschsein, das immer unvollkommen bleibt. Welch ein Stress, wenn ich mich auch noch selbst erlösen müsste!

Ich darf vertrauen, dass ich gehalten bin in meiner Widersprüchlichkeit. Ich darf meine Stärke entfalten im ehrlichen Eingestehen meiner Zweifel, meiner Unsicherheit, meiner Widersprüchlichkeit. Die Ideologie eines perfekten Menschen ist fatal – sie endet oft tödlich. Denn sie grenzt all jene aus, die nicht genügen, die auf der Strecke bleiben.

Wir brauchen eine neue Spiritualität, die uns wirklich Menschen werden lässt, mit unserer

Lebenslust und unseren Grenzen und Verletzlichkeiten. Da eröffnet sich uns die Spur zum wahren Glück, zum Geben und Nehmen, zum Lachen und Weinen.

Befreiend die Einsicht
scheitern zu dürfen
unvollkommen zu bleiben
als hohes Ideal echter Menschwerdung

Beglückend die Grundhaltung
an Brüchen wachsen zu können
aus Fehlern lernen zu dürfen
als Weg zur Toleranz

Bewegend der Zuspruch
niemals perfekt sein zu müssen
immer werden zu können
als Versöhnung mit dem Leben.

Pierre Stutz

Sehnsucht nach Heil

Die Adventszeit hat mich als Kind immer sehr bewegt. Und sie berührt mich auch heute noch. Wenn ich die wunderbaren Texte aus dem Propheten Jesaja höre und die Adventslieder singe, dann komme ich in Berührung mit einer tiefen Sehnsucht, dass mein Leben heil werde und dass Gott diese Welt mit seinem Frieden und seiner Liebe erfüllen möge.

Es ist keine nostalgische Sehnsucht, sondern eine Sehnsucht, die mein Leben und das Leben der Menschen um mich herum und aller Völker verwandeln will. Es sind keine salbungsvollen Worte, die ich nur höre, um mich wohlzufühlen, sondern Worte, die mir die Augen öffnen, damit ich diese Welt hoffnungsvoller sehe.

Wenn mein Herz voller Hoffnung ist für die Menschen, dann werde ich anders mit ihnen umgehen. Die Hoffnung, die die Adventszeit in mir bewirkt, bleibt nicht folgenlos für diese Welt. Sie ist wie ein Sauerteig, der das Mehl dieser Welt zu durchsäuern vermag.

Ein Bild für die Sehnsucht, die die Adventszeit in uns wecken möchte, ist der Stern. Der Stern, der am nächtlichen Himmel leuchtet, ist seit jeher ein Symbol für das göttliche Licht, das die menschliche Finsternis erhellt. Mich fasziniert es jedes Mal, wenn nachts ein klarer Sternenhimmel leuchtet. Mein Vater hat mir schon als Kind die vielen Sternenbilder erklärt. Sterne drücken die Sehnsucht aus, dass Gott meine innere Dunkelheit erleuchtet und dass er mir in der Fremde Heimat schafft. Im Internat hat uns unser Regens immer wieder das Lied vorgesungen, das er in amerikanischer Gefangenschaft seinen Mitgefangenen singen musste: „Heimat, deine Sterne“.

Die Adventszeit verheißt uns, dass Gott in unsere Welt kommt. Und wenn Gott in unsere Welt kommt, dann wird die Welt für uns zur Heimat. Denn daheim sein kann man nur, wo das Geheimnis wohnt. Durch Gottes Kommen in unsere Welt wird diese Welt für uns zur Wohnung. Das deutsche Wort „wohnen“ heißt von der indogermanischen Wurzel her „Behagen empfinden, Gefallen finden, bleiben“. Ich kann nur dort wohnen, wo ich mich wohlfühle. Und offensichtlich haben die Menschen seit jeher gespürt, dass sie es bei sich nicht aushalten können, wenn nicht Gott bei ihnen wohnt. Ohne Gott wird die Welt unmenschlich und hart. Doch wenn Gott bei uns Wohnung nimmt, in der Seele jedes Einzelnen, in unseren Häusern und Gemeinschaften, in dieser Welt, dann wird diese Welt ein Ort, an dem wir bleiben, wohnen können.

Und deshalb schmücken wir unsere Häuser in der Adventszeit, damit sie „wohnlich“ werden, damit im Tannengrün Leben kommt in unsere Starre, im Licht der Kerze Helligkeit in unsere Finsternis und Wärme in unsere Kälte. Und wir hängen Sterne an unsere Fenster, um unsere Sehnsucht nach Heimat und Geborgenheit auszudrücken, die Gott uns jetzt schon schenkt, indem er zu uns kommt, und die er als ewige Wohnung für uns bereithält, wenn er für immer kommen wird, um diese Welt heimzuholen in sein ewiges Licht.

Der Stern der Sehnsucht führt uns in der Adventszeit durch die Dunkelheit. Die Zeit des Advents ist die Zeit, in der unsere vielen Süchte wieder in Sehnsucht verwandelt werden. Wenn wir auf dem Grund unserer Süchte die Sehnsucht entdecken, dann wird unser Leben heil, dann weitet sich das Herz.

Sucht ist immer Muttterersatz, ein Zurück in den bergenden Mutterschoß. Aber Sucht führt immer in die Illusion. Die Sehnsucht, die der Adventsstern in uns weckt, lädt uns ein, uns auf diese Welt einzulassen und uns mit ihr auszusöhnen, weil sie nicht die unwirtliche und oft genug feindliche Welt ist, sondern eine Welt, die durch das Kommen Gottes zur Heimat geworden ist.

Anselm Grün

Gott wurde Mensch

Der Schöpfer des Menschen wurde Mensch:
der Lenker der Gestirne, um an der Mutterbrust zu saugen;
das Brot, um zu hungern, die Quelle, um zu dürsten, das Licht, um zu schlafen, der Weg, um auf ihm zu ermüden,
die Wahrheit, um von falschen Zeugen beschuldigt zu werden, der Richter der Lebenden und der Toten, um von einem sterblichen Richter gerichtet zu werden, die Gerechtigkeit, um von Ungerechten verurteilt zu werden,
die Zucht, um mit Geißeln geschlagen zu werden, die Weinbeere, um mit Dornen gekrönt zu werden, das Fundament, um ans Holz gehängt zu werden,
die Kraft, um entkräftet zu werden, das Heil, um verwundet zu werden, das Leben, um zu sterben.
Wegen all dem geschah es also, dass jener, der vor aller Zeit und ohne Anfang von Tagen Sohn Gottes war, in diesen Tagen sich würdigte, Sohn des Menschen zu sein.

Aurelius Augustinus

3. Adventswoche: Sich auf den Weg begeben

„Wachet auf", ruft uns die Stimme

„Wachet auf", ruft uns die Stimme
der Wächter sehr hoch auf der Zinne,
„wach auf, du Stadt Jerusalem."
Mitternacht heißt diese Stunde;
sie rufen uns mit hellem Munde:
„Wo seid ihr klugen Jungfrauen?
Wohlauf, der Bräutgam kommt;
steht auf, die Lampen nehmt!
Halleluja!
Macht euch bereit zu der Hochzeit,
ihr müsset ihm entgegengehn!"

Zion hört die Wächter singen;
das Herz tut ihr vor Freude springen,
sie wachet und steht eilend auf.
Ihr Freund kommt vom Himmel prächtig,
von Gnaden stark, von Wahrheit mächtig;
ihr Licht wird hell, ihr Stern geht auf.
„Nun komm, du werte Kron,
Herr Jesu, Gottes Sohn!
Hosianna!

Wir folgen all zum Freudensaal
und halten mit das Abendmahl."

Gloria sei dir gesungen
mit Menschen- und mit Engelzungen,
mit Harfen und mit Zimbeln schön.
Von zwölf Perlen sind die Tore
an deiner Stadt; wir stehn im Chore
der Engel hoch um deinen Thron.
Kein Aug hat je gespürt,
kein Ohr hat mehr gehört
solche Freude.
Des jauchzen wir und singen dir
das Halleluja für und für

Philipp Nicolai

Was sollen wir tun?

Da fragten ihn die Leute: Was sollen wir also tun? Er antwortete ihnen: Wer zwei Gewänder hat, der gebe eines davon dem, der keines hat, und wer zu essen hat, der handle ebenso. Es kamen auch Zöllner zu ihm, um sich taufen zu lassen, und fragten: Meister, was sollen wir tun? Er sagte zu ihnen: Verlangt nicht mehr, als festgesetzt ist. Auch Soldaten fragten ihn: Was sol-

len denn wir tun? Und er sagte zu ihnen: Misshandelt niemand, erpresst niemand, begnügt euch mit eurem Sold!
Das Volk war voll Erwartung und alle überlegten im Stillen, ob Johannes nicht vielleicht selbst der Messias sei. Doch Johannes gab ihnen allen zur Antwort: Ich taufe euch nur mit Wasser. Es kommt aber einer, der stärker ist als ich, und ich bin es nicht wert, ihm die Schuhe aufzuschnüren. Er wird euch mit dem Heiligen Geist und mit Feuer taufen. Schon hält er die Schaufel in der Hand, um die Spreu vom Weizen zu trennen und den Weizen in seine Scheune zu bringen; die Spreu aber wird er in nie erlöschendem Feuer verbrennen. Mit diesen und vielen anderen Worten ermahnte er das Volk in seiner Predigt.

Lukas 3,10-18

Einer, der weiß, wohin

Das wäre doch toll! Das wäre doch richtig großartig! Jetzt ganz einfach, jemanden zu haben wie diesen Johannes, jemanden, zu dem man hingehen und den man fragen kann: „Und ich? Was soll ich tun?“ Einen zu kennen, der einem dann auch wirklich eine Antwort gibt.

Ich kann gut nachvollziehen, dass von so jemandem eine ungeheure Faszination ausgehen muss. [...] Da war jemand, der Fragen beantwortete, der keine langen und undurchsichtigen Traktate von sich gab, sondern klare und konkrete Antworten. Der sagte: So geht es und so nicht.
So wie viele von früher, von den Pfarrern früher, erzählen. Ich gehe zum Pfarrer und bekomme eine klare Auskunft: An diesem Sonntag darf ich aufs Feld, an jenem Sonntag nicht, da ist es Sünde. Zehn Zentimeter Kantenlänge der Badehose sind okay, weniger ist Sünde. Wie schön wäre es, wenn es das auch heute gäbe. Wie viele Menschen sehnen sich danach. Gerade in dieser immer komplizierter werdenden Welt sind einfache und klare Antworten schließlich selten geworden. Und noch seltener geworden sind die Menschen, die sie zu geben in der Lage wären. Es gibt so viele Fragen, so wenige Antworten und noch viel weniger Menschen, die diese Antworten geben.
Ab und zu aber, ab und zu gibt es Menschen, die diese Antworten auch gar nicht brauchen. Und wer weiß, vielleicht sind es gar nicht so wenige. Wer weiß, vielleicht gehören Sie ja dazu. Sie haben die Antworten eines Johannes doch gar nicht nötig! Schauen Sie doch mal genau hin: Was für Antworten hat Johannes im heutigen

Evangelium denn überhaupt gegeben? Da kommen welche und fragen ihn – und denen sagt er: Ihr habt zwei Gewänder? Gebt dem eins, der keines hat. Und zu den Zöllnern sagt er: Verlangt nicht mehr, als festgesetzt ist. Als ob die das vorher etwa noch nicht gewusst hätten. Und zu den Soldaten sagt er: Misshandelt niemanden, Erpresst niemanden. Das sind doch Binsenweisheiten.

Im Grunde war das nichts anderes als das, was uns der gesunde Menschenverstand auch sagt. Um solche Antworten zu erhalten, brauchen Sie keine großen Klimmzüge zu veranstalten. Solche Antworten brauchen Sie nicht erst zu suchen.

Natürlich gibt es große Entscheidungen, natürlich gibt es Grenzfälle, natürlich gibt es eine Fülle von Grauzonen, in denen wirklich nur sehr schwer zu entscheiden ist, was jetzt richtig und was jetzt falsch sein soll. Natürlich stehen wir immer wieder vor solchen Fragen, aber doch nicht jeden Tag.

Tun wir doch nicht so, als stünden wir den ganzen Tag vor lebensnotwendigen Entscheidungen, die uns gleichsam zerreißen. Die aller-, allermeisten Entscheidungen, die absolut größte Zahl der Fragen, die können wir ganz gut selbst beantworten.

Genauso wie die Soldaten damals, zur Zeit eines Johannes des Täufers, ganz genau wussten, dass es falsch war, jemanden zu misshandeln, so wie die Zöllner haargenau wussten, dass sie niemanden übervorteilen sollten, und so wie alle Menschen zu allen Zeiten wussten, dass sie sich der Not der andern annehmen müssen, genauso wissen doch auch wir, wenn wir uns ans Steuer oder aufs Rad setzen, dass wir voll Rücksicht und Voraussicht zu fahren haben, dass wir eine ganz große Verantwortung für andere haben. Wir wissen ganz genau darum, dass wir dort, wo wir mit anderen Menschen zu tun haben, nicht einfach handeln können, als würden wir mit Maschinen hantieren, und wir wissen darum, dass einer den ersten Schritt machen muss, wenn es darum geht, auf andere zuzugehen. Und ich weiß auch, dass ich durchaus in der Lage bin, diesen Schritt zu tun. Ich weiß dies alles. Ich brauche doch nicht erst einen Johannes, der mir diese Dinge sagt.

Unser Problem scheint mir nicht darin zu liegen, dass wir die Antworten auf unsere Fragen nicht hätten. Unser Problem scheint mir darin zu liegen, dass wir unsere eigenen Antworten gar nicht so gerne hören und noch viel weniger gerne daran erinnert werden, dass wir ja auch danach handeln könnten ...

Vielleicht ist es so: Vielleicht ist glücklich der Mensch, der einen Johannes hat, der ihm seine Fragen beantwortet. Glücklicher aber ist der

Mensch, der endlich begreift, dass er die Antworten eigentlich schon lange weiß. Und noch glücklicher ist der, der dann lernt, nach seinen Antworten auch wirklich zu leben.

Jörg Sieger

Macht euch bereit

Wir schreiben das Jahr 1598. Ein Zeitzeuge berichtet: „Es überfiel die Pest mit ihrem Sturm und Wüten die Statt wie ein unversehnlicher Platzregen und Ungewitter / ließ bald kein Hauß unbeschädiget / brach endlich auch zu meiner Wohnung hieneyn / und giengen die Leut meistens theils mit verzagtem Gemüth und erschrockenen Hertzen als erstarret und halb todt daher ... In solchem Jammer und Elend ... hab ich mit Todtes Gedanken mich immer schlagen müssen."

Angesichts einer solchen Situation geschieht das Unfassbare. Der Verfasser dieser Zeilen gerät inmitten der Katastrophe nicht in die Haltung des klagenden Hiob oder in den zermürbten Jammer eines Jeremia, sondern er stimmt mitten im Elend ein unglaubliches Lied der Freude an, ein Lied der Hochzeit – so, wie nur Verliebte aller Vernichtung durch die bejahende Kraft ihrer Liebe spotten können: ein Lied des Aufwachens der Freude, des Erwachens in eine andere Welt, in die die Stimme des Herzens schon jetzt hineinruft – zuerst zaghaft, dann sich immer mächtiger von unten nach oben aufbauend, ein Weckruf der Sehnsucht, der aus der Tiefe her aufsteigt zu den Zinnen der Stadt und von dorther ruft: „Wachet auf, ruft uns die Stimme der Wächter sehr hoch auf der Zinne." Und inmitten der Katastrophe notiert derselbe Verfasser auch die Melodie, die in seinem Inneren sich entfaltet und zur Botschaft für die ganze Stadt werden soll; eine Melodie, die bis ins Detail mit den Worten und der Dynamik des Herzens verbunden ist: ein Trompetenstoß, eine Fanfare der Freude, die aus der Tiefe aufsteigt und von den Zinnen der Stadt ertönt. Die Spitzentöne treffen genau auf die Silben „hoch auf der Zinne" und stellen in ihrem Zickzacklauf anschaulich die Silhouette der Stadtbefestigung dar.

Der zweite Höhepunkt wird in der Liedzeile erreicht: „Macht euch bereit zu der Hochzeit." Es ist wirklich Hochzeit, hohe Zeit im wahrsten Sinne des Wortes, Zeit der Liebe, die aus aller Niedrigkeit, Sorge und Todesbedrohung des Lebens die Seele erhebt. Die zielstrebig in die Höhe führende Melodie nimmt das Herz unmittelbar mit. Wenn der Bräutigam kommt, dann kann die

Sehnsucht, die Liebe ihm nur unverzüglich mit freudig klopfenden Herzen entgegeneilen. Die auf- und absteigende Gegenbewegung in der Melodie drückt genau das aus.

Was hat den evangelisch-lutherischen Pfarrer aus dem westfälischen Unna, Philipp Nicolai, zu einer solchen Tondichtung ermutigt angesichts des schwarzen Todes rings um ihn herum? In der Originalfassung endet das Lied sogar mit einem Ausblick direkt in die Freude des Himmels, ausgedrückt durch einen unmittelbar ausgestoßenen Freudenjauchzer:

„Kein Aug hat je gespürt, kein Ohr hat mehr gehört, solche Freude. Des sind wir froh, jo, jo, ewig in dulci jubilo."

Szenenwechsel. Ungefähr dreißig Jahre später. Wir befinden uns mitten im sogenannten Dreißigjährigen Krieg, der viel Verwüstung, Trauer und Leid hervorgebracht hat. Mitten in diesen Kriegswirren wirkt der Jesuit Friedrich Spee von Langenfeld, unter anderem auch hier in Speyer. Er verfasst die „cautio criminalis", die gegen den Hexenwahn gerichtet ist und wehrlose Frauen schützen will; er pflegt im Krieg verwundete französische Soldaten und lässt schließlich bei diesem Dienst selber das Leben.

Ihm werden eine Reihe wunderbarer Lieder zugeschrieben wie „O Heiland, reiß die Himmel auf" oder „Zu Bethlehem geboren". Darunter ist auch ein Weihnachtslied, das insbesondere der innigen Freude über die Geburt des Herrn gewidmet ist: „Als ich bei meinen Schafen wacht“. Es wird die innere Fröhlichkeit eines der Hirten beschrieben, die auf dem Felde bei Bethlehem lagerten, eine Freude, die sich wie ein schwebendes Echo im Herzen dieses einzelnen Hirten und darüber hinaus in den ganzen Raum verteilt. So hallt es und schallt es von allen Seiten innig und glückselig: „Des bin ich froh, bin ich froh – froh, froh, froh – froh, froh, froh. Benedicamus Domino.“

Wie kommt es, dass Friedrich von Spee zu einer solchen Freude fähig war mitten in solch einer Zeit der Leiden? Wie bei Philipp Nicolai kann man auch bei ihm nicht sagen, dass er sich in seine geistliche Welt geflüchtet habe. Im Gegenteil: Der mutige Jesuit war ein lebendiges Gewissen seiner Zeit – und musste mehrmals unter den Folgen seiner konsequenten Haltung leiden. Nein, hier muss eine andere Kraft wirken, die nichts mit flüchtigen Scheinwelten und süßen Weihnachtsträumen zu tun hat. Hier wirkt die Kraft eines Glaubens, der die Fähigkeit zur Vision hat und daher wirklich Trost, Hoffnung und echte Freude selbst mitten im Leid zu spenden vermag. Hier wirkt ein Glaube, der in der Tat den Himmel aufreißen kann, der diese Welt in einer Weise durchdringt, dass sie ihr innerstes

Geheimnis preisgibt. Hier ist ein Glaube, der dem schwarzen Tod und dem Unheilswahn der Menschen widerstehen kann und der im Grund der Geschichte eine Liebe findet, die die Welt verwandelt: Eine bräutliche, hochzeitliche Liebe wie bei Philipp Nicolai, die aller Vernichtung spottet: „Zion hört die Wächter singen, ihr Herz tut ihr vor Freude springen. Sie wachet und steht eilend auf. Ihr Freund kommt vom Himmel prächtig, von Gnaden stark, von Wahrheit mächtig: Ihr Licht wird hell, ihr Stern geht auf.“ Eine innige, geburtliche Liebe wie bei Friedrich von Spee, die alles, was das Leben zu bieten hat, von innen her durchdringt: „O Kindelein von Herzen, dich will ich lieben sehr. In Freuden und in Schmerzen, je länger mehr und mehr.“
Die Freude, so sagte einmal der große Theologe des Mittelalters Thomas von Aquin, ist eine Begleiterscheinung der Liebe. Nur wo die Liebe wohnt, kann Freude entstehen.

Karl-Heinz Wiesemann

Was habe ich davon?

Unser Denken und Handeln ist im Lauf der letzten Jahrhunderte und erst recht der jüngsten

Zeit immer stärker von der Frage beherrscht, wozu etwas dient. Dies ist eine in vieler Hinsicht unumgängliche Frage, denn wir wollen ja nicht ins Leere schaffen. Aber nützt uns nur das, was wir sehen und greifen können, was wir – wie wir wenigstens meinen – brauchen? Wir fragen oft gar nicht mehr, was eine Sache für sich selbst ist, sondern meist nur, was wir mit ihr anfangen können. Lapidar sind oft unsere Aussagen: „Nützt mir nicht!", „Hilft mir nicht!", „Kann ich nichts damit anfangen!" Man kann sich an ein solches Denken mit seinen Einstellungen regelrecht gewöhnen. In den verschiedenen Bereichen unseres Lebens hat diese Mentalität unterschiedliche Gesichter. Es kann dazu führen, dass man die Dinge und auch die menschlichen Beziehungen nur nach dem blanken Nutzen einschätzt: Was bringt mir der Erwerb einer Sache? Um wie viel kann ich sie losbringen? [...] An Weihnachten gibt es offenbar andere Formen des Verstehens, die wir brauchen. Wir müssen uns diesem Geheimnis ganz anders annähern als mit einem bloß funktionalen Denken.
Gott kommt in unsere Welt. Dies müssen wir uns zunächst einmal als Botschaft sagen lassen. Vom Menschen her ist es eigentlich so gut wie nicht denkbar, dass der göttliche Gott ein sterblicher Mensch wird. Es ist allein der freie Entschluss Gottes, sich uns zuzuwenden. Dieser

Herabstieg Gottes in unsere Welt ist allein Gottes abgründiger Entschluss. Der biblische Gott öffnet sich von Anfang an zu uns hin: in der Schöpfung, in seinem Wort, durch die Propheten. Und er tut dies trotz unserer Undankbarkeit. Schließlich wird er noch einmal unbegreiflicherweise sogar ein Mensch, und dies trotz unserer mangelnden Bereitschaft ihm gegenüber und der Menschenschicksale. „Viele Male und auf vielerlei Weise hat Gott einst zu den Vätern gesprochen durch die Propheten; in dieser Endzeit aber hat er zu uns gesprochen durch den Sohn, den er zum Erben des Heils eingesetzt und durch den er auch die Welt erschaffen hat." (Hebr 1,1 f.)

Gott kommt umsonst. Er will nichts von uns. Er braucht uns aber auch nicht. Er kommt aus freien Stücken. Er kommt wirklich selbstlos. Wir vermuten und suchen überall in dem, was geschieht, „Interessen". Ja, es gibt im Sinne Gottes und seiner Schöpfung Dinge und Ereignisse, die uns pur geschenkt werden. Die Menschwerdung Gottes gehört dazu. Wir meinen oft, das Wichtigste wäre, wenn wir uns alles besorgen und schaffen könnten. Wir sind auf niemanden angewiesen. Wir nehmen uns die Dinge, die wir brauchen. In der Offenbarung und erst recht in der Menschwerdung Gottes erhalten wir eine Gabe, die wir nicht bestellen können. Wir erfahren

durchaus ähnliches in unserem Leben, wenn wir etwas nachdenklicher werden: Wir freuen uns bei aller Geburtenplanung auch heute noch über ein Kind, das auf die Welt kommt. Wir freuen uns, wenn Menschen einander begegnen und sich gut verstehen, besonders in Freundschaft und Liebe. Ohne solche menschlichen Erfahrungen können wir vielleicht auch die Ankunft Jesu nicht so recht verstehen.
Gott kommt umsonst. Er bringt zunächst einmal nichts mit. Wir fragen ja gerne, was eine Sache uns nützt und bringt. Gott bringt zunächst einmal nur sich selbst. Er ist nicht der reiche Kaufmann, der viel verteilen könnte. Er bringt auch nicht Geld und Macht. Er bringt nur sich selbst. Er bringt sich auch mit seiner ganzen Ohnmacht: Er wird unterwegs geboren, liegt in einer Krippe, wird bald verfolgt von einem misstrauischen Machthaber. Er ist auf der Flucht, wird von vielen nicht verstanden und endet am Galgen. Krippe und Kreuz stehen nahe beieinander. Ja, es hat den Anschein, dass er nicht nur „umsonst" kommt, sondern auch umsonst leidet und stirbt. Er geht unter. Vergeblichkeit gehört offenbar zu seinem Leben. Dennoch bleibt er nicht im Tod und wird am Ende durch die Macht der Liebe sogar ein Sieger sein. Auch dies ist wichtig für uns. Er bringt zunächst einmal nichts mit, aber sich selbst ganz und gar, vorbehaltlos. Er ist

ganz und gar Hingabe, und zwar im Blick auf den Vater, dessen Willen er tut und auf die Menschen, die er befreien und heilen will. Für unsere Beziehungen liegt darin auch ein wichtiger Fingerzeig: Es kommt zuerst drauf an, dass wir in unseren Beziehungen uns nicht heimlich zurückhalten, abwarten und aussparen, sondern dass wir uns wirklich ganz dem anderen übereignen. Oft befriedigen wir uns gegenseitig, in dem wir etwas geben von dem, was wir haben, aber uns selbst dabei ausklammern. Es geht dann um das „Haben“, nicht um das „Sein“. Sogar unsere Geschenke, die Zeichen und Ausdruck unserer Liebe sein sollen, können Fallen werden, hinter denen wir uns letztlich verstecken und andere eher damit binden. Selbstlose Hingabe ist das, was die Kraft der menschlichen Person ausmacht. Hier wurzelt alle Menschlichkeit. Mit Recht sagt darum der Brief an Titus, dass in Jesus die Menschenfreundlichkeit Gottes unter uns erschienen ist (vgl. 2,11; 3,4 f.), die Humanität Jesu Christi. Und diese – dies zeigt uns Jesu Leben – kann auch bleiben, wenn wir dem Anschein nach scheitern, auf Unverstand und Widerstand stoßen und am Ende auch in den Augen der Welt verlieren. Die ist nicht nur eine Revolution im Gottesverständnis, sondern auch im Verständnis des Menschen, der Menschenwürde und der Menschlichkeit überhaupt. [...]

Es ist etwas Unglaubliches, dass Gott Mensch wird. Es gibt dafür einen eindrucksvollen Beleg bei einem Denker unserer Gegenwart, der von sich überzeugt war, dass er ungläubig ist. Jean-Paul Sartre hat in deutscher Kriegsgefangenschaft am 24. Dezember 1940 bei Trier ein Weihnachtsspiel aufführen lassen. Er wollte offenbar seine Mitgefangenen mindestens unterhalten. Er sagt, er habe eine Geschichte geschrieben, die „die breiteste Gemeinschaft von Christen und Nichtchristen" zum Ausdruck bringen soll. Das Stück trägt den Titel „Bariona" und schildert, wohl auch als eine Parallele zu den Leiden der Menschen von damals, die Ausweglosigkeit gerade der jüdischen Bevölkerung. Es werden keine Kinder mehr geboren, denn die Zukunft ist nichts mehr anderes als der sichere Tod. In dieser Situation kommt das Gerücht auf, in Bethlehem sei ein ganz ungewöhnliches Kind geboren. Manche glauben, er sei der erwartete Messias. Bariona, der für Sartre steht, schüttelt den Kopf und kann es nicht glauben. Aber tief in seinem Inneren lebt ein Traum. So sagt er: „Wenn ein Gott für mich Mensch würde, für mich liebte ich ihn, ihn ganz allein. Es wären Bande des Blutes zwischen ihm und mir, und für das Danken reichten alle Wege meines Lebens nicht." (Bariona oder der Sohn des Donners. Ein Weihnachtsspiel = Gesammelte Werke in Einzelausgaben.

Theaterstücke Bd. 1 und 2, Reinbek bei Hamburg 1991, 7–88)

Karl Kardinal Lehmann

Wach auf!

Die meisten Leute schlafen, ohne es zu wissen. Sie wurden schlafend geboren, sie leben schlafend, sie heiraten im Schlaf, erziehen im Schlaf ihre Kinder und sterben im Schlaf, ohne jemals wach geworden zu sein. Niemals verstehen sie den Reiz und die Schönheit dessen, was wir „menschliches Leben" nennen. Bekanntlich sind sich alle Mystiker – ob christlich oder nichtchristlich und egal, welcher theologischen Richtung oder Religion sie angehören – in diesem einen Punkt einig: dass alles gut, alles in Ordnung ist. Obwohl gar nichts in Ordnung ist, ist alles gut. Ein wirklich seltsamer Widerspruch. Aber tragischerweise kommen die meisten Leute nichts dazu, zu erkennen, dass tatsächlich alles gut ist, denn sie schlafen. Sie haben einen Albtraum.

Vor einiger Zeit hörte ich im Radio die Geschichte von einem Mann, der an die Zimmertür seines Sohnes klopft und ruft: „Jim, wach auf!"

Jim ruft zurück: „Ich mag nicht aufstehen, Papa."
Darauf der Vater noch lauter: „Steh auf, du musst in die Schule!"
„Ich will nicht zur Schule gehen!"
„Warum den nicht?", fragte der Vater.
„Aus drei Gründen", sagt Jim. „Erstens ist es so langweilig, zweitens ärgern mich die Kinder und drittens kann ich die Schule nicht ausstehen."
Der Vater erwiderte: „So, dann sag' ich dir drei Gründe, wieso du in die Schule musst: Erstens ist es deine Pflicht, zweitens bist du 45 Jahre alt und drittens bist du der Klassenlehrer."
Also aufwachen, aufwachen! Du bist erwachsen geworden, du bist zu groß, um zu schlafen. Wach auf! Hör auf, mit deinem Spielzeug zu spielen!

Antony de Mello

Freundliches Licht

Freundliches Licht heiliger Herrlichkeit
des unsterblichen Vaters,
des himmlischen, heiligen, seligen:
Jesus Christus.
Da wir kommen zu der Sonne Untergang
und sehen das abendliche Licht,
preisen wir den Vater und den Sohn

und Gottes Heiligen Geist.
Würdig bist du,
besungen zu werden zu allen Zeiten
mit geziemenden Liedern,
Gottessohn,
Spender des Lebens:
Deshalb verherrlicht dich die Welt.

Altkirchlicher Hymnus

Gott, meine belebende Sonne

Gott ist die Sonne, die uns Licht und Leben schenkt, seine Liebe umfängt uns. (Ps 84,12)

Die Sonne ist nicht göttlich, was manche früheren Kulturen von ihr glaubten, sondern nur Bild für Gott. Die Sonne brennt und glüht – wie Gott in Liebe brennt. Die Sonne spendet Licht, vertreibt das Dunkel, gibt Leben und Orientierung. Seinen Weg ohne Gott zu gehen – das bedeutet: auf das Licht zu verzichten, das Gott spendet.
Das Licht göttlicher Weisungen ermöglicht Orientierung, einen sinnvollen Weg des Glaubens, der Hoffnung und der Liebe. In diesem Licht können wir auch unsere Verstrickungen in Lieblosigkeit erkennen. Und das Licht göttlicher Ver-

gebung schenkt uns einen hellen Morgen des Neuanfangs. Im Sonnenschein göttlicher Nähe und Wärme blühen wir auf. Das Licht starken göttlichen Trostes holt uns heraus aus dunklen Nächten der Seele. Gott, die Sonne, lässt uns unsere Zukunft trotz aller Undurchschaubarkeit als segensreich wahrnehmen.
In Jesus Christus, dem Gekreuzigten und Auferstandenen, leuchtet uns das strahlende Licht einer neuen Schöpfung. In ihm bricht der helle Morgen der Freiheit und Gerechtigkeit an – des richtigen Verhältnisses zu Gott und Menschen, der Freiheit von Schuld, der Freiheit für das Gute, der Freiheit eines neuen, ewigen Lebens. Deshalb ist die aufgehende Sonne das Zeichen des österlichen, verklärten Christus.
Aber: Sonne kann auch blenden, verwirren. In diesem Sinn ist sie Zeichen der Herrlichkeit Gottes, des Ganz-Anderen, letztlich Uneinblickbaren, der All-Schönheit – uns bleibt nur Ehrfurcht, Staunen, Schweigen. Sie ist Zeichen Gottes, des Unnahbaren – der uns zugleich wärmend und erleuchtend hautnah kommt in Jesus, der Sonne der Gerechtigkeit.

Katholische Internetseelsorge

Von Engeln besucht werden

Christus wurde im Winter, wurde zu nächtlicher Stunde geboren. In seiner Hand sind Winter und Sommer, Tag und Nacht. Aber er kommt zu solch rauer Jahreszeit, in solcher Finsternis zur Welt – sollte das Zufall sein? Kein Kind wählt sich die Zeit, da es geboren werden will. Die anderen Kinder, die zu leben anfangen, haben keine freie Wahl und Überlegung. Wenn auch Christus noch nicht Mensch war, so war er doch von Anfang an bei Gott und selber Gott, mit derselben Weisheit und Kraft ausgerüstet wie jetzt, da er ja Gottes Kraft und Gottes Weisheit ist.

Als nun der Sohn Gottes in der Welt erscheinen wollte, wählte er, da er ja nach Belieben die Zeit auswählen konnte, die beschwerlichste, zumal für ein kleines Kind und den Sohn einer armen Mutter, die kaum Windeln hatte, ihn einzuhüllen und eine Krippe, ihn dareinzulegen. Gewiss war die Not groß, doch nichts hörte man von Pelzen. Der erste Adam kleidete sich in Tierfelle, der zweite wird in Windeln gewickelt.

Die Welt hat hierin andere Ansichten. Wessen Urteil ist nun falsch, das Urteil Christi oder das der Welt? Christus, der sich nicht irren kann, hat das gewählt, was dem Fleisch am beschwerlichsten ist. Außerdem wird Christus in einem Stall geboren und in eine Krippe gelegt. Ist es nicht er, der da sagt: „Mein ist der Erdkreis und was ihn erfüllt"? Warum also hat er einen Stall gewählt? Gewiss, um die Ehre der Welt anzuzweifeln.

Noch spricht seine Zunge nicht, und doch – alles an ihm ruft, predigt, verkündigt.

Selbst die zarten Gliederchen des Kindleins schweigen nicht. In allem wird das Urteil der Welt bestritten, umgestoßen, in seiner Fraglichkeit gezeigt. Gibt man ihm freie Wahl, welcher Mensch wählte nicht lieber einen starken Körper und ein reiferes Alter als das Kindesalter?

Aber Gott hat die wahre Weisheit aus der Verborgenheit ans Licht gezogen. O fleischgewordene Weisheit! Wahrhaftig, Brüder, das Wort ist Fleisch geworden und hat unter uns gewohnt.

Solange es im Anfang bei Gott war, wohnte es in unzugänglichem Licht, und niemand konnte es begreifen. Wer hat den Sinn des Herrn erforscht, wer war sein Ratgeber? Der fleischliche Mensch fasst nicht, was vom Geiste ist, doch jetzt soll auch der fleischliche Mensch begreifen, weil das Wort Fleisch geworden ist. Wenn er nur das Fleisch begreifen kann, so soll er wenigstens vernehmen, was das

Fleisch ihm sagt. O Mensch, im Fleisch offenbart sich dir jene Weisheit, die einst verborgen war. Jetzt tritt sie aus der Verborgenheit hervor und stellt sich deinen Sinnen dar. Dies predigt dir jener Stall, dies ruft dir die Krippe zu. Hoffnung regt zur Erneuerung an und entzündet das Verlangen nach Heilung noch heftiger. Diesen Trost vermehrt noch das Erscheinen der Engel und die Worte, die sie an die wachenden Hirten richten.

Wehe den Reichen, sie haben ihren Trost bereits empfangen, so dass sie keinen himmlischen mehr verdienen.

Wie viele Vornehme, wie viele Mächtige, wie viele Weise dieser Welt ruhten in jener Stunde ahnungslos in ihren Betten. Ach, keiner von ihnen wurde gewürdigt, jene große Freude zu erfahren und der Engel Lobgesang zu hören: „Ehre sei Gott in der Höhe."

Die Menschen sollen also wissen, dass, wer nicht der anderen Not und Mühsal teilt, auch nicht verdient, von Engeln besucht zu werden. Sie sollen wissen, wie hoch die Himmelsbürger eine Arbeit einschätzen, die aus reinem Glauben geschieht. Würdigen sie doch jene, die sich von leiblicher Not getrieben für den Unterhalt des Leibes mühen, ihrer Anrede, einer so beglückenden Anrede.

Sie erkennen eben die Bestimmung, die Gott

in Adam allen Menschen gab: „Im Schweiße deines Angesichts sollst du dein Brot essen.“ Ich möchte so gründlich wie möglich erwägen und des inne werden, welch’ große Dinge Gott zu unserer Ermunterung und zu unserem Heile getan hat. Denn ein so lebendig wirksames Wort, so verlässlich und aller Annahme wert, nicht sosehr ein Wort des Mundes als der Tat, soll nicht fruchtlos bleiben. Glaubt ihr, Brüder, es machte mir keinen Schmerz, wenn ich wüsste, dass eben dieses Wort, das ich jetzt an euch richte, spurlos und ohne jeden Nutzen in euren Herzen verhallte? Wenn nun ein armseliger Mensch sich schon darüber ärgert, dass die geringe Mühe seiner Reden ohne Nutzen ist, mit wie viel mehr Recht wird der Herr der Herrlichkeit sich wohl entrüsten, wenn seine große Mühe durch unsere Herzenshärte oder Gleichgültigkeit erfolglos bleiben sollte. Davor möge er seine Knechte bewahren.

Bernhard von Clairvaux

4. Adventswoche: Fragende Wegbereitung

Wie soll ich dich empfangen

Wie soll ich dich empfangen / und wie begegn ich dir / o aller Welt Verlangen, o meiner Seelen Zier? / O Jesu, Jesu, setze / mir selbst die Fackel bei / damit, was dich ergötze, / mir kund und wissend sei.

Dein Zion streut dir Palmen / und grüne Zweige hin, / und ich will dir in Psalmen / ermuntern meinen Sinn. / Mein Herze soll dir grünen / in stetem Lob und Preis / und deinem Namen dienen, / so gut es kann und weiß.

Was hast du unterlassen / zu meinem Trost und Freud, / als Leib und Seele saßen / in ihrem größten Leid? / Als mir das Reich genommen, / da Fried und Freude lacht, / da bist du, mein Heil, kommen / und hast mich froh gemacht.

Ich lag in schweren Banden, / du kommst und machst mich los; / ich stand in Spott und Schanden, / du kommst und machst mich groß / und hebst mich hoch zu Ehren / und schenkst mir großes Gut, / das sich nicht lässt verzehren, / wie irdisch Reichtum tut.

Nichts, nichts hat dich getrieben / zu mir vom Himmelszelt / als das geliebte Lieben, / damit du alle Welt / in ihren tausend Plagen / und großen Jammerlast, / die kein Mund kann aussagen, / so fest umfangen hast.

Das schreib dir in dein Herze, / du hochbetrübtes Heer, / bei denen Gram und Schmerze / sich häuft je mehr und mehr; / seid unverzagt, ihr habet / die Hilfe vor der Tür; / der eure Herzen labet / und tröstet, steht allhier.

Ihr dürft euch nicht bemühen / noch sorgen Tag und Nacht, / wie ihr ihn wollet ziehen / mit eures Amtes Macht. / Er kommt, er kommt mit Willen, / ist voller Lieb und Lust, / all Angst und Not zu stillen, / die ihm an euch bewusst.

Auch dürft ihr nicht erschrecken / vor eurer Sünden Schuld; / nein, Jesus will sie decken / mit seiner Lieb und Huld. / Er kommt, er kommt den Sündern / zu Trost und wahrem Heil, / schafft, dass bei Gottes Kindern / verbleib ihr Erb und Teil.

Was fragt ihr nach dem Schreien / der Feind und ihrer Tück? / Der Herr wird sie zerstreuen / in einem Augenblick. / Er kommt, er kommt, ein König, / dem wahrlich alle Feind / auf Erden viel zu wenig / zum Widerstande seind.

Er kommt zum Weltgerichte: / zum Fluch dem, der ihm flucht, / mit Gnad und süßem Licht / dem, der ihn liebt und sucht. / Ach komm, ach komm, o Sonne, / und hol uns allzumal / zum ewgen Licht und Wonne / in deinen Freudensaal.

Paul Gerhardt

Begegnung

Nach einigen Tagen machte sich Maria auf den Weg und eilte in eine Stadt im Bergland von Judäa. Sie ging in das Haus des Zacharias und begrüßte Elisabet. Als Elisabet den Gruß Marias hörte, hüpfte das Kind in ihrem Leib. Da wurde Elisabet vom Heiligen Geist erfüllt und rief mit lauter Stimme: Gesegnet bist du mehr als alle anderen Frauen und gesegnet ist die Frucht deines Leibes. Wer bin ich, dass die Mutter meines Herrn zu mir kommt? In dem Augenblick, als ich deinen Gruß hörte, hüpfte das Kind vor Freude in meinem Leib. Selig ist die, die geglaubt hat, dass sich erfüllt, was der Herr ihr sagen ließ.

Lukas 1,39-45

Bereitet dem Herrn den Weg

Jede Kerze des Adventskranzes hat ihre eigene Symbolik. Die erste Kerze steht für die Hoffnung, dass eine einzige Kerze genügt, um die Dunkelheit meines Herzens zu erleuchten. Sie bringt Wärme in meine Kälte, Milde in meine Härte, Zärtlichkeit in meine Erstarrung.
Die zweite verweist auf die Polarität meines Lebens. Ich bin nicht eindeutig, sondern voller Gegensätze. In mir sind Liebe und Hass, Angst und Vertrauen. Kraft und Schwäche. Christus will alle Gegensätze meines Lebens versöhnen, damit sie aufhören, sich zu bekämpfen.
Die dritte Kerze steht für die drei Bereiche des Menschen, für Geist, Seele und Leib, für Kopf, Herz und Bauch. Und in der dritten Kerze leuchtet der dreifältige Gott auf, der alles in mir hineinnimmt in die Gemeinschaft zwischen Vater, Sohn und Heiligem Geist.
Die vierte Kerze ist die Verheißung, dass sich mein Leben verwandelt. Vierzig Jahre hat es ge-

dauert, bis Israel durch die Wüste gezogen ist und das Gelobte Land betreten hat. Vier Wochen Adventszeit wollen unser Leben verwandeln, damit wir an Weihnachten neu geboren werden.

Anselm Grün

Wie soll ich dich empfangen. Eine Auslegung

Das Lied handelt vom Advent, also von der Ankunft Christi. „Kommen“ ist sein Grundwort: „Da bist du, mein Heil kommen. – Du kommst und machst mich los. – Er kommt mit Willen. – Er kommt, ein König. – Er kommt zum Weltgerichte.“ „Seid unverzagt!“, sagt der Dichter. Die Hilfe ist schon „vor der Tür“. Wie soll man den empfangen, der kommt? Zwei Bilder der rechten Erwartung: das erste: der Einzug Jesu in Jerusalem, wo die Menschen Palmen auf den Weg des Kommenden gestreut haben. Unsere Palmen soll das Herz sein, das selber zum Palmzweig wird: „Mein Herze soll dir grünen.“ Unsere Palmen sollen die Psalmen sein, die wir dem Kommenden singen. Das zweite Bild ist der Geschichte von den klugen und törichten Jungfrauen entnommen. Die Klugen erwarten den Bräutigam mit brennenden Fackeln. Da wir schwach sind, soll Jesus uns selbst die Fackel beisetzen.

Die dreifache Ankunft

Von drei Ankünften Christi wird im Lied geredet, die erste ist seine historische Ankunft im Fleisch (Strophen 3–5). Als uns das Reich des Friedens verloren war, „da bist du, mein Heil kommen.“ Das „geliebte Lieben“ hat ihn vom Himmelszelt in das Tal des Jammers getrieben. Die zweite Ankunft geschieht in unserer eigene Gegenwart (Strophen 6–8). Die Hilfe, die unser Herz labt und tröstet, „steht allhier“. Man kann ihn nicht herbeizwingen mit der eigenen Kraft. „Er kommt mit Willen“ und unerzwungen. Die eigene Sündenschuld ist kein Schrecken mehr. „Er kommt den Sündern zu Trost und wahrem Heil.“ Die dritte Ankunft liegt in der Zukunft. „Er kommt zum Weltgerichte.“ Und noch einmal als sehnsüchtiger Ruf am Ende: „Ach komm, ach komm, o Sonne, und hol uns allzumal zum ewgen Licht und Wonne in deinen Freudensaal!“

Brot gegen den Hunger

Die Sehnsucht nach der Ankunft des Heils teilt dieses Lied mit fast allen Adventsliedern, mit Luthers „Nun komm, der Heiden Heiland!“, mit dem bewegenden „O Heiland, reiß die Himmel auf!“ des Friedrich von Spee. Warum können wir die Lieder heute singen? Mit guten Liedern wird nicht eine dogmatische Wahrheit ausgesprochen, sondern eine Grundbefindlichkeit des Menschen. Wir sind noch nicht, wo wir hingehören. „Fried und Freude" lachen noch nicht in unserem Leben, noch nicht genug und noch nicht für alle. Es gibt Zeiten der Fülle, wo wir ihr Lachen spüren. Es gibt bitterste Zeiten, in denen es nichts zu lachen gibt. Friede war kein blasses Wort im Munde Gerhardts, er hat den Dreißigjährigen Krieg erlebt. Freude ersehnt, wer im Unglück steckt und wer es noch nicht aufgegeben hat, auf das Glück zu warten. Paul Gerhard waren vier Kinder und seine Frau gestorben, und so verstand er etwas von Trauergeistern. Wo Menschen ihr eigenes Schicksal in die alten Texte und Lieder eintragen, da werden diese lebendig und singbar. Wo wir unser Glück und unser Unglück in Paul Gerhardts Lieder eintragen, da tragen sie unsere eigene Handschrift. Wir werden zu Koautoren dieser Gedichte. Sie bleiben uns nicht fremd, weil wir uns in ihnen erkennen. Man verlernt die falschen Fragen: Können wir gedanklich mit allem übereinstimmen? Sie werden wie Brot, bei dem man nicht fragt, ob es genau nach unseren eigenen Rezepten gebacken ist. Man isst es, weil man Hunger hat.

Fulbert Steffensky

Maßstäbe

An Weihnachten feiern wir die Geburt eines Kindes, dem der Name Jesus gegeben wurde. Es erblickte das Licht der Welt in einem kleinen unbedeutenden Städtchen, wohin seine Eltern aufgeboten wurden wegen einer Volkszählung. Sie waren zu spät aufgebrochen von ihrer Heimatstadt.
Als sie in der neuen Stadt ankamen, waren alle kleinen Herbergen bereits besetzt. Eine große Herberge konnten sie sich nicht leisten, weil sie arm waren. So verbrachten sie die Tage und Nächte in einem Stall. Das Neugeborene hatte keine Wiege mit weißen Kissen und Leintüchern. Es lag in einer Futterkrippe für Esel und Ochsen, gebettet auf Heu und Stroh.
Ein Dekret vom damals herrschenden König machte die Familie zu Flüchtlingen. Nach Jahren zurückgekehrt aus einem fremden Land, lebten sie in dem kleinen Städtchen, von wo sie vor Jahren aufgebrochen waren.
Von der Familie war kaum etwas Nennenswertes zu berichten. Als junger Mann erlernte er den einfachen Beruf eines Zimmermanns. Schon mit 30 Jahren hängte er seinen Beruf an den Nagel und wurde Wanderprediger.
Er schrieb nie ein Buch oder Zeitungsartikel. Er machte keine wissenschaftlichen Entdeckun-

gen, malte keine Bilder, schrieb keine Gedichte und komponierte keine Musik.
Er ging nie auf ein Gymnasium oder eine Universität, hatte nie einen Sitz im Vorstand eines Geschäftes oder im Rat seiner Stadt. Er besaß kein eigenes Haus oder Wohnung. Er besaß keine Versicherungspolicen und Aktien. Er hatte keine feinen Kleider und aß nicht in Restaurants. Er gründete nie ein Familie. Er machte keine weiten Reisen per Schiff oder mit Pferd und Wagen. Er marschierte zu Fuß wohl keine 200 Kilometer weg von seiner Geburtsstätte. Er besaß oder tat überhaupt nicht das, was erfolgreiche Leute besitzen und tun.
Schon nach 3 Jahren als Wanderprediger wandte sich die öffentliche Meinung gegen ihn. Er wurde verhaftet, ausgelacht, gefoltert, und schließlich, nach einem ungerechten Gerichtsverfahren mit falschen Zeugen, neben zwei Dieben an einem Kreuz aufgehängt. Einer seiner einzigen 12 Freunde verriet ihn. Sein einziger Besitz, den er zurückließ, war ein Mantel, um den seine Henker würfelten. Als er tot war, musste man ihn in ein geborgtes Grab legen, das ein mitleidiger Mann für ihn zur Verfügung stellte. Am dritten Tag nach seiner Kreuzigung fanden seine Freunde das Grab leer.
Bald 2000 Jahre sind vergangen, und immer noch ist dieser Mann eine zentrale Figur für die

Menschheit und das, was er sagte, der Grundstein fortschrittlichen Denkens. Schauen wir zurück auf die Geschichte dieser 2000 Jahre, so wird uns klar, dass: Alle Armeen, die je marschierten, alle Flotten, die je segelten, alle Parlamente, die je berieten, alle Gerichte, die je tagten, alle Wissenschaftler, die je forschten und entdeckten, alle Philosophen und Theologen, die je geistige Werke schufen, alle Generäle, die je kommandierten, alle Könige, Kaiser, Präsidenten und Diktatoren, die je herrschten – sie alle zusammen sind vergessen oder nur kurz erwähnt in einem verstaubten Geschichtsbuch. Keiner hatte einen solch fundamentalen Einfluss auf die Menschheit wie dieser eine Mann, der an unseren Maßstäben gemessen doch alle Eigenschaften besaß, sofort vergessen zu werden.

Hans R. Pruppacher

WEIHNACHTEN:

GLÜCK DES MENSCHEN – GOTT. GOTTES GLÜCK – DER MENSCH

Weil Gott in tiefster Nacht erschienen

Weil Gott in tiefster Nacht erschienen,
kann unsre Nacht nicht traurig sein!

Der immer schon uns nahe war,
stellt sich als Mensch den Menschen dar.

Bist du der eignen Rätsel müd?
Es kommt, der alles kennt und sieht!

Er sieht dein Leben unverhüllt,
zeigt dir zugleich dein neues Bild.

Nimm an des Christus Freundlichkeit,
trag seinen Frieden in die Zeit!

Schreckt dich der Menschen Widerstand,
bleib ihnen dennoch zugewandt!

Weil Gott in tiefster Nacht erschienen,
kann unsre Nacht nicht endlos sein!

Dieter Trautwein

Der Prolog

Im Anfang war das Wort, und das Wort war bei Gott, und das Wort war Gott.
Im Anfang war es bei Gott.
Alles ist durch das Wort geworden, und ohne das Wort wurde nichts, was geworden ist.
In ihm war das Leben, und das Leben war das Licht der Menschen.
Und das Licht leuchtet in der Finsternis, und die Finsternis hat es nicht erfasst.
Es trat ein Mensch auf, der von Gott gesandt war; sein Name war Johannes. Er kam als Zeuge, um Zeugnis abzulegen für das Licht, damit alle durch ihn zum Glauben kommen. Er war nicht selbst das Licht, er sollte nur Zeugnis ablegen für das Licht.
Das wahre Licht, das jeden Menschen erleuchtet, kam in die Welt.

Er war in der Welt, und die Welt ist durch ihn geworden, aber die Welt erkannte ihn nicht.
Er kam in sein Eigentum, aber die Seinen nahmen ihn nicht auf.
Allen aber, die ihn aufnahmen, gab er Macht, Kinder Gottes zu werden, allen, die an seinen Namen glauben, die nicht aus dem Blut, nicht aus dem Willen des Fleisches, nicht aus dem Willen des Mannes, sondern aus Gott geboren sind.
Und das Wort ist Fleisch geworden und hat unter uns gewohnt, und wir haben seine Herrlichkeit gesehen, die Herrlichkeit des einzigen Sohnes vom Vater, voll Gnade und Wahrheit.
Johannes legte Zeugnis für ihn ab und rief: Dieser war es, über den ich gesagt habe: Er, der nach mir kommt, ist mir voraus, weil er vor mir war.
Aus seiner Fülle haben wir alle empfangen, Gnade über Gnade.
Denn das Gesetz wurde durch Mose gegeben, die Gnade und die Wahrheit kamen durch Jesus Christus. Niemand hat Gott je gesehen. Der Einzige, der Gott ist und am Herzen des Vaters ruht, er hat Kunde gebracht.

Johannes 1,1-18

Uns ist ein Kind geboren

Ein Kind wird geboren. Allem Anschein nach ist es eines von vielen Neugeborenen in der Welt. Ein Kind wird in einem Stall zu Bethlehem geboren. Seine Geburt ereignet sich demnach in äußerster Entbehrung: arm unter den Armen. Der da geboren wird, ist jedoch „der Sohn" schlechthin: Filius datus est nobis. Dieses Kind ist der Sohn Gottes, eines Wesens mit dem Vater. Wie es durch die Propheten vorhergesagt worden war, ist er Mensch geworden durch den Heiligen Geist im Schoß einer Jungfrau, Maria.

Wenn wir gleich im Glaubensbekenntnis singen werden „... et incarnatus est de Spiritu Sancto ex Maria Virgine et homo factus est", knien wir dabei alle nieder. Wir betrachten schweigend jenes Geheimnis, das sich erfüllt: „Et homo factus est!" Der Sohn Gottes gesellt sich zu uns, und wir empfangen ihn auf den Knien.

„Das Wort ist Fleisch geworden" (Joh 1,14). In dieser außergewöhnlichen Nacht wird das Ewige Wort, der „Fürst des Friedens" (Jes 9,5), in der armseligen und kalten Höhle von Bethlehem geboren. „Fürchtet euch nicht", ruft der Engel den Hirten zu, „heute ist euch in der Stadt Davids der Retter geboren; er ist der Messias, der Herr" (Lk 2,11). Wie die namenlosen glücklichen Hirten eilen auch wir hinzu, um dem zu begegnen, der den Lauf der Geschichte verändert hat. In der Enge und Armut der Krippe betrachten wir „ein Kind, das, in Windeln gewickelt, in einer Krippe liegt“ (Lk 2,12). Im wehrlosen schwachen Kind, das in den Armen Marias wimmert, „ist erschienen die Gnade Gottes, um alle Menschen zu retten“ (Tit 2,11). Halten wir inne und beten es an!

O Kind, das du dir eine Futterkrippe zur Wiege erwählt hast; o Schöpfer des Alls, der du dich der göttlichen Herrlichkeit entblößt hast; o unser Erlöser, der du deinen wehrlosen Leib als Opfer für das Heil der Menschheit hingegeben hast!

Der Glanz deiner Geburt erleuchte die Nacht der Welt. Die Macht deiner Liebesbotschaft zerstöre die hochmütigen Nachstellungen des Bösen. Das Geschenk deines Lebens lasse uns immer tiefer verstehen, wie wertvoll jedes menschliche Leben ist.

Viel zu viel Blut rinnt noch über die Erde! Zu viel Gewalt und zu viele Konflikte vereiteln das friedliche Miteinander der Völker!

Du kommst, um uns den Frieden zu bringen. Du bist unser Friede! Du allein kannst aus uns „ein reines Volk“ schaffen, das für immer dir gehört, ein Volk, das „voll Eifer danach strebt, das Gute zu tun“ (Tit 2,14).

„Puer natus est nobis, filius datus est nobis!“ Welch unerschöpfliches Geheimnis verbirgt sich

in der Demut dieses Kindes! Wir möchten es fast berühren; wir möchten es umarmen.
Du, Maria, der du über deinen allmächtigen Sohn wachst, gib uns deine Augen, um ihn im Glauben zu betrachten; schenke uns dein Herz, um ihn in Liebe zu anzubeten.
In seiner Bescheidenheit lehrt uns das Kind von Bethlehem, den wahren Sinngehalt unserer Existenz wiederzuentdecken; es lehrt uns, „besonnen, gerecht und fromm in dieser Welt zu leben" (Tit 2,12).
O Heilige Nacht, so sehnlich erwartet, die du Gott und Mensch für immer vereint hast! Erneut entzündest du in uns die Hoffnung. Du erfüllst uns mit verzücktem Staunen. Du versicherst uns des Triumphes der Liebe über den Hass und des Lebens über den Tod.
Deshalb verweilen wir im Gebet versunken.
Du, Emmanuel, sprichst in der leuchtenden Stille deiner Geburt weiter zu uns. Und wir sind bereit, auf dich zu hören.

Johannes Paul II.

„*Auf der Suche nach der exakten Bedeutung von Glück*“

Die Herrlichkeit – KAVOD JHWH

[...] Wir schauten seine Herrlichkeit. Die Herrlichkeit Gottes erscheint und wird sichtbar in Jesus, dem Menschen aus Nazareth. Nicht das Aufmerksamkeit heischende Auftreten, das imponierende Aussehen, nicht polierte Worte oder eine heldenhafte Tat machen diese Herrlichkeit aus. Denn es ist Gottes Herrlichkeit. Sie zeigt sich dem Glaubenden gerade dort, wo die menschliche Herrlichkeit und Größe verblasst. Vor diesem Hintergrund erahnen wir die Ungeheuerlichkeit des Prologs, der verkündet, dass die Gegenwart Gottes sich auf eine einmalige Weise verdichtet in diesem Juden Jesus und wir durch diesen Juden Jesus die Herrlichkeit Gottes schauen dürfen.

Mutet es nicht grotesk an, dass Gott seine Herrlichkeit schaubar, sichtbar werden lässt ausgerechnet in einem Menschen? Dass er sich dazu herablässt, dieses fragwürdige Wesen Mensch als den Ort seiner dichtesten Gegenwart zu wählen?

Die Herrlichkeit – unser Thema?

„Ob für uns an diesem Weihnachtsfest diese Frage nach der Herrlichkeit neu ein Thema werden kann? Oder nicht längst schon ist? Im Dun-

keln suchen wir in alten Wörterbüchern nach der exakten Bedeutung von Glück."
Diese ernüchternde Bestandaufnahme aus einem Gedicht Michael Krügers, beschreibt in ihrer Sprödheit, wie wir leben. Viele sehnen sich danach, ihrem Alltag Glanz, ihrem Leben Kostbarkeit zu verleihen. Nicht wenige rieben sich dabei auf. So groß ist der Druck von außen oder innen, bestehen zu können. „Im Dunkeln suchen wir in alten Wörterbüchern nach der exakten Bedeutung von Glück." Nicht in alten Wörterbüchern allein sucht der Mensch, sondern auch in den Freizeit- und Eventparks, in den Partnerschaften, in seiner Sexualität, in seinen Partnerschaften, seinem Job. Wo sind die Orte, an denen wir das Glück suchen? Lebenssinn, Bestätigung, Treue und Wahrhaftigkeit, Gnade, Licht, Ermutigung zum Guten, Versöhnung, Mut zum Neubeginn? „Im Dunkeln suchen wir in alten Wörterbüchern nach der exakten Bedeutung von Glück."
Wir Menschen sehnen uns nach Glück und Erfüllung, nach dem, was das biblische Wort Herrlichkeit meint. Dabei stoßen Menschen auch auf Religion, oft diffus und ungeklärt. Das religiöse Empfinden des Menschen ist nicht abgestorben, aber es ist oftmals diffus, ungeklärt, es bleibt ohne Orientierung und ohne Nahrung.
Aber immerhin: Das Gespür ist in uns, dass es diesen Ort gibt, an denen der Mensch für sein

Leben die Bestätigung und Bejahung empfängt, die ihm in so vielen Bezügen verweigert wird.

Inkarnation des Wortes vergegenwärtigt sich im Wort Gottes

Und das Wort ward Fleisch
und wohnte unter uns,
und wir schauten seine Herrlichkeit,
Herrlichkeit gleichsam des Einzigen
vom Vater –
Voll von Gnade und Treue.
(Joh 1,14)

Gott wird Mensch in Jesus. Das verbürgt uns, dass diese Herrlichkeit, dieses Lebensglück, dass wir ersehnen, geschaut und gefunden werden kann im Leben Jesu. Dieses Leben ist für uns als Glaubende keine Vergangenheit. Es ist immer Gegenwart. Gottes Gegenwart und Herrlichkeit heute in Jesus Christus ist für uns sichtbar im Wort Gottes. Gottes Wort vergegenwärtigt also das Schöpferwort, das von Anfang an beim Vater war, das Fleisch geworden ist und unter uns gewohnt hat. Wo immer ein Mensch oder eine Gemeinschaft sich für dieses Wort Gottes der Heiligen Schrift öffnet, vergegenwärtigt sich diese Herrlichkeit.
Darum führt uns die Suche nach dem Lebensglück des Menschen, in die dankbare und preisende Aufnahme jenes Wortes, durch das uns

das Leben Jesu von Nazareth überliefert und anvertraut ist. Sein Leben wird wiederum Fleisch, schaubar, greifbar in der Zeit. [...]
Darin liegt hinter allen Bildern, Bräuchen und Besinnlichkeiten dieses Festes das Geheimnis des Weihnachtsfestes: Die Einladung Gottes an jeden(!) Menschen, das Wort Gottes, in sich selbst Fleisch werden zu lassen: in der eigenen Begrenztheit und Hinfälligkeit, Gott zu gebären, in diese Welt hineinzugebären.
Seine Herrlichkeit hier und heute schauen zu dürfen: in der Kostbarkeit und in der Würde des eigenen, einmaligen Lebens, das uns teilhaben lässt an der Gottheit des Sohnes, der unsere Menschennatur angenommen hat.

Markus Bolowich

„Siehe, ich verkündige euch große Freude"

Die Hirten fürchteten sich sehr. Denn die Engel kamen zu ihnen mit hellem Glanz und großem Licht, so dass das Licht in der finstern Nacht leuchtete, als wäre der Himmel eitel Feuer, und dass die Hirten nicht anders meinten, als wäre es der Blitz. Damit ist angezeigt, dass dieser König denen geboren sei, die in Furcht und Schrecken

sind, und auch diese allein in sein Reich gehören. Denen soll man auch predigen, wie der Engel den armen, erschrockenen Hirten predigt: „Siehe, ich verkündige euch große Freude."
Was ist das für Freude? Höre, was der Engel sagt: „Siehe, ich verkündige euch große Freude, die allem Volk widerfahren wird." Das ist, als wollte er sagen: Es wird diese Freude wohl allem Volk angeboten, aber doch sind dieser Freude allein die fähig, die erschrockenen Gewissens und betrübten Herzens sind. Diese gehören zu mir und zu meiner Predigt, denen will ich etwas Gutes verkündigen. Ist das nicht ein großes Wunder, dass diese Freude da am nächsten sein soll, wo die größte Unruhe des Gewissens ist? Wo man in Furcht und Schrecken steckt, da soll so herrliche, leibliche, süße Freude hinkommen, so dass es ein menschlich Herz schwerlich ergreifen und annehmen kann? Zu den Hirten kommt so ein schönes Licht und ein Glanz, davor alle Finsternisse der Welt weichen müssen, dennoch erschrecken sie davor und fürchten sich sehr. Soll man denn vor Freude erschrecken und sich vor so schönem Licht fürchten?
Wohlan, da steht's geschrieben, dass die Hirten sich vor des Herrn Klarheit, welche um sie geleuchtet hat, gefürchtet haben. Und so soll's auch sein und nicht anders.
Martin Luther

Boten der Freude

Wie willkommen sind auf den Bergen die Schritte des Freudenboten, der Frieden ankündigt, der eine frohe Botschaft bringt und Rettung verheißt, der zu Zion sagt: Dein Gott ist König. Horch, deine Wächter erheben die Stimme, sie beginnen alle zu jubeln. Denn sie sehen mit eigenen Augen, wie der Herr nach Zion zurückkehrt. Brecht in Jubel aus, jauchzt alle zusammen, ihr Trümmer Jerusalems! Denn der Herr tröstet sein Volk, er erlöst Jerusalem. Der Herr macht seinen heiligen Arm frei vor den Augen aller Völker. Alle Enden der Erde sehen das Heil unseres Gottes.

Jesaja 52,7-10

Die Würde des Menschen

Weihnachten feiert jeder, irgendwie, ein bisschen. Sogar im real existierenden Sozialismus der DDR in den 1980er Jahren, wie die Zeilen aus Uwe Tellkamps Roman es beschreiben: Man war bereit [...] Weihnachten als offensichtlich unausrottbares christliches Relikt zu dulden, bis es [...] keinen Platz mehr dafür geben würde, man war bereit, dem Komment mit Tannenbaum und Fensterdekoration Genüge zu tun, im Übrigen die Füße auszustrecken und nach der Bescherung für Frau und Kinder das Fernsehprogramm zu genießen [...] man feierte dennoch und hielt auch seine Kinder an [...] zuerst die Bräuche zu achten, dann kritisch das Fest zu begehen. Man achtete das Dekor, begegnete aber dem Ritual [...] mit achselzuckender Gleichgültigkeit, sogar mit Herablassung und abweisendem Stolz, Stolz auf halbe Kenntnis, auf seine Freiheit, die ... darin liegen mochte, einem Klischee und den darin verborgenen Forderungen nicht zu genügen." – „Man war bereit, dem Komment genüge zu tun." Vielleicht heute Nacht sogar mehr als das: Die Erwartungen kommen von Herzen, sind aber verschieden und diffus. Es gibt kaum spannendere Tage in den Familien und Beziehungen. Da kann es schon mal krachen. Man braucht kein Christ zu sein, um Weihnachten zu feiern. Da ist es eine Herausforderung für uns Christen, sich uns dieses Festes zu vergewissern. Es birgt für alle mehr als einen Komment. Es könnte für alle nicht nur um Brauchtum und Dekor gehen.

Das Geheimnis der Menschwerdung ist eine Zusage, die sich an alle Menschen richtet. Es ist die Zusage, von Gott in Jesus Christus erlöst und endgültig angenommen zu sein. Gott liebt den Menschen. Darum wird er Mensch. Im Leben und Sterben des Jesus Christus ist Gottes Liebe greifbar und berührbar geworden: Gott ist nahe, und wir können ihm nahe sein. In verschiedenen Bildern machen die Evangelien des Weihnachtsfestes deutlich, dass Jesus Christus der Retter ist, dass er seinen Ursprung bei Gott hat. Gott schenkt sich in Jesus Christus dem Menschen. Das sagt alles aus, was wir Gott bedeuten. Wir sind Kinder Gottes! Das ist die Würde eines jeden Menschen. Sie gilt, unabhängig davon, wie die Aktien stehen. Wir sind Kinder Gottes! Das ist die Würde eines jeden Menschen. Sie gilt, unabhängig davon, welche Kaufkraft er aufweist. Wir sind Kinder Gottes! Das ist die Würde eines jeden Menschen. Sie gilt den Ungeborenen und den Geborenen, den Gesunden und den Kranken, den Vertrauten und den Fremden, den Christen, wie den Nicht-Christen. Die Würde des Menschen ist eine unverlierbare! Sie ist von Gott gegeben. Das ist die Botschaft von Weihnachten. Weil Gott Mensch wird in Jesus Christus, gründet in unserem Menschsein eine unwiderrufliche Würde. [...]

Gerade an der Schwelle zu einer anderen Zeit dürfen wir uns an den Evangelien als den Glaubensurkunden der Christen orientieren, die von der Menschwerdung Gottes künden: Ich bin von Gott mit dem angenommen und geliebt, was aus mir geworden ist, und in den Grenzen, die zu mir gehören. Und diese Liebe kann in mir Raum er-

greifen, kann mein Menschsein heilen. Ich brauche keine Angst zu haben, dass ich in den Veränderungen der Zeit und der Welt zugrunde gehe! Ich brauche vor dem Leben keine Angst zu haben und nicht vor den Menschen.
Dazu ermutigt uns Weihnachten und das ist schon bedeutend mehr als dem Komment mit Tannenbaum und Fensterdekoration Genüge zu tun, im Übrigen die Füße auszustrecken und nach der Bescherung für Frau und Kinder das Fernsehprogramm zu genießen. Darum feiern wir auch mitten in der Nacht. Die dunkelsten Stunden in den längsten Nächten des Jahres sind schon besetzt von dieser Zusage, weil unser Leben von ihm her angeleuchtet und ermutigt wird. Wir müssen den Dunkelheiten nicht fliehen, wir können sie bestehen im seinem Licht!

Markus Bolowich

Gottes Zeit und die Zeit des Menschen

In den letzten Stunden jedes Kalenderjahres wohnen wir einigen sich wiederholenden weltlichen „Riten" bei, die im heutigen Kontext überwiegend von Vergnügen geprägt sind und dabei häufig als Evasion vor der Realität gelebt werden, als gelte es,

die negativen Aspekte auszutreiben und unwahrscheinliches Glück heraufzubeschwören. Wie anders muss die Haltung der christlichen Gemeinde sein! Die Kirche [...] ist eingeladen, zusammen mit [Maria] den Blick immer fest auf das Jesuskind zu richten, die neue Sonne am Horizont der Menschheit, und, von seinem Licht bestärkt, ihm „Freude und Hoffnung, Trauer und Angst der Menschen von heute, besonders der Armen und Bedrängten aller Art“ (Gaudium et spes, 1) vorzulegen.
Es stehen sich also zwei verschiedene Bewertungsmaßstäbe der Dimension „Zeit“ gegenüber, ein quantitativer und ein qualitativer. Einerseits der Sonnenzyklus mit seinen Rhythmen und anderseits das, was der hl. Paulus die „erfüllte Zeit“ (vgl. Gal 4,4) nennt, das heißt der Höhepunkt der Geschichte des Universums und des Menschengeschlechts, als der Sohn Gottes auf die Welt kam. Die Zeit der Verheißungen ist vollendet und, als die Schwangerschaft Marias zu ihrem Ende kam, „hat das Land“ – so heißt es in einem Psalm – „seinen Ertrag gegeben“ (Ps 67,7). Das Kommen des von den Propheten angekündigten Messias ist das in qualitativer Hinsicht wichtigste Ereignis der gesamten Geschichte, der es ihren letzten und vollen Sinn verleiht. Nicht die geschichtlich-politischen Koordinaten sind es, die die Entscheidungen Gottes bedingen, im Gegenteil, es ist vielmehr

das Ereignis der Menschwerdung, das die Geschichte mit Wert und Bedeutung „erfüllt". Das können wir, die wir zweitausend Jahre nach diesem Ereignis kommen, sozusagen auch „a posteriori" sagen, nachdem wir die gesamte Geschichte Jesu bis zu seinem Tod und seiner Auferstehung kennengelernt haben. Wir sind gleichzeitig Zeugen seiner Herrlichkeit und seiner Demut, des unermesslichen Wertes seines Kommens und der unendlichen Achtung Gottes für uns Menschen und unsere Geschichte. Er hat die Zeit nicht erfüllt, indem er sich von oben, sondern vielmehr „von innen" in sie ergossen hat, indem er sich zum kleinen Samenkorn machte, um die Menschheit zu ihrer vollen Reife zu führen. Dieser Stil Gottes brachte es mit sich, dass eine lange Vorbereitungszeit notwendig war, um von Abraham zu Jesus Christus zu gelangen; der Stil Gottes hat zur Folge, dass nach dem Kommen des Messias die Geschichte nicht zu Ende war, sondern ihren Lauf fortsetzte – dem Anschein nach in gleicher Weise, in Wirklichkeit aber bereits von Gott besucht und auf das zweite und endgültige Kommen des Herrn am Ende der Zeit hin ausgerichtet. Von all dem ist Realsymbol, wir könnten sagen, ist Sakrament die Mutterschaft Marias, die gleichzeitig ein menschliches und ein göttliches Ereignis ist.

Im Abschnitt aus dem Brief an die Galater, den wir soeben gehört haben, sagt der hl. Paulus: „Gott sandte seinen Sohn, geboren von einer Frau“ (vgl. Gal 4,4). Origenes kommentiert dazu: „Beachte wohl, dass er nicht gesagt hat: durch eine Frau geboren, sondern vielmehr: von einer Frau geboren“ (vgl. Kommentar zum Brief an die Galater). Diese scharfsinnige Beobachtung des großen Exegeten und kirchlichen Schriftstellers ist wichtig: In der Tat, wäre der Sohn Gottes nur „durch“ eine Frau geboren worden, so hätte er unsere Menschlichkeit nicht wirklich angenommen, was er aber getan hat, indem er „von“ Maria Fleisch annahm. Die Mutterschaft Marias ist demnach wahr und vollends menschlich. In der Aussage: „Gott sandte seinen Sohn, geboren von einer Frau“ verdichtet sich die grundlegende Wahrheit über Jesus als göttliche Person, die unsere menschliche Natur voll angenommen hat. Er ist der Sohn Gottes, von Ihm gezeugt, und gleichzeitig ist er Sohn einer Frau, Sohn Marias. Er kommt von ihr. Er ist von Gott und von Maria. Daher kann und muss die Mutter Jesu Mutter Gottes genannt werden. [...]

„Für Gott ist nichts unmöglich“ (Lk 1,37), das hörte Maria von dem Engel, der ihr ihre göttliche Mutterschaft verkündete. Maria glaubte, und deshalb ist sie selig (vgl. Lk 1,45). Das, was dem Menschen unmöglich ist, wird der können, der glaubt (vgl. Mk 9,23). Daher wollen wir nun, [...] die Mutter Gottes bitten, für uns das Geschenk eines reifen Glaubens zu erwirken: ein Glaube, so wünschen wir, der dem ihren so weit wie möglich ähnelt, ein reiner, unverfälschter, demütiger und zugleich mutiger Glaube, durchtränkt von Hoffnung und Begeisterung für das Reich Gottes, ein Glaube ohne jeden Fatalismus, der danach strebt, in vollem und freudigem Gehorsam gegenüber dem göttlichen Willen mitzuwirken, dies in der absoluten Gewissheit, dass Gott nichts anderes will als Liebe und Leben, immer und für alle.

Benedikt XVI.

Von guten Mächten wunderbar geborgen

Dietrich Bonhoeffers Gedicht „Von guten Mächten treu und still umgeben ...“ lag einem Brief bei, den er am 28. Dezember 1944 aus dem Gestapo-Gefängnis in der Berliner Prinz-Albrecht-Straße schickte. Die Verse waren als „Weihnachtsgruß für dich“ – seine Braut Maria – „und die Eltern und Geschwister“, zugleich aber wohl auch zum 70. Geburtstag seiner Mutter am 30. Dezember gedacht. Bonhoeffer beabsichtigte nicht, ein Kirchenlied zu dichten, der Text ist mehr privater Art. Die Angehörigen waren – mit Recht – sehr besorgt, und so antwortete er am Schluss mit einem Vertrauensbekenntnis, das die familiäre Situation bei weitem übertrifft und einem Credo gleichkommt. Dietrich Bonhoeffer weiß, wovon er redet, denn er schreibt an anderer Stelle, erst in der Haft sei es ihm klar geworden, was die Bibel und Luther unter Anfechtung verstehen. Er hatte die bösen Mächte kennengelernt, die ohne jeden erkennbaren physischen oder psychischen Grund an dem Frieden und an der Gelassenheit rütteln, die das Leben bisher getragen hatten. Die große Maskerade des Bösen hatte alle ethischen Begriffe durcheinandergewirbelt und in Frage gestellt. In der Haft begann sich Bonhoeffer auch mit dem von Luther ebenfalls angewendeten Kreuzzeichen zu segnen, das dem Morgen- und dem Abendgebet vorausgeht und mit dem Satz schließt: „Dein heiliger Engel sei mit mir, dass der böse Feind keine Macht an mir finde ..." Von der Macht des Bösen ist die Rede, nachdem Gottes heiliger Engel genannt ist. So haben auch in Bonhoeffers Gedicht die guten Mächte Vorrang vor den bösen Tagen. Und tatsächlich meint er mit ihnen das, was nach kirchlicher Tradition die Engel sind. So gesehen ist „Von guten Mächten" ein Engellied.

Von guten Mächten treu und still umgeben,
behütet und getröstet wunderbar, –
so will ich diese Tage mit euch leben
und mit euch gehen in ein neues Jahr.

Jahreswechsel sind Wendepunkte, Schritte in eine neue Zeit. Es gibt Menschen, die nutzen den Übergang zur Besinnung, zu Rückschau und Reflexion, andere verabschieden sich in feuchtfröhlicher Stimmung vom alten Jahr und begrüßen das neue in Festtagslaune mit Feuerwerk. Junge Leute sehen noch eine lange Zeitspanne ihres Leben vor sich, Senioren wissen, dass mit dem verflossenen Jahr auch wieder ein Stück ihrer Lebenserwartung beschnitten worden ist. Ausschlaggebend für die Zukunftsgestaltung wäre für alle Altersgruppen die Gewissheit, „von guten Mächten“ umgeben zu sein, so wie es der Dichter dieses Gebetes und Liedes weiß.
Er schrieb es in hoffnungsloser Situation, an der Schwelle des Todes, mit einer bewundernswerten Sicherheit auf den Beistand Gottes. Er wusste nicht, wie viele Tage ihm noch beschieden waren, aber er überschritt die Jahresschwelle in der tröstlichen Gewissheit, nicht allein zu sein. Sein Wunsch, mit seiner Familie, mit seinen Angehörigen gemeinsam den Gang in die unsichere Zukunft zu wagen, sollte der Wunsch aller

Menschen sein, für die Bindung und Gemeinsamkeit noch etwas bedeuten.

Noch will das alte unsre Herzen quälen,
noch drückt uns böser Tage schwere Last,
ach, Herr, gib unsern aufgeschreckten Seelen
das Heil, für das du uns geschaffen hast.

Für jemanden, der im Gefängnis sitzt, ist ein zu Ende gehendes Jahr kein gutes. Für jemanden, der von Krankheit gezeichnet, von Nöten belastet wird, sieht die Zukunft nicht rosig aus. Wird die Dunkelheit, in der diese Menschen leben, bleiben, wird es ein Licht am Ende des Tunnels geben? Unruhe mischt sich mit Ungewissheit, Mutlosigkeit mit Hoffnungslosigkeit.
Doch wo kein Ausweg zu erkennen und keine Abhilfe zu erwarten ist, kann nur die Aussicht auf Gottes Beistand und Führung Trost geben. Aber das Heil, für das uns Gott geschaffen hat, ist kein irdisches, sondern ein jenseitiges und ewiges. Vergehen nicht Ölbergstunden voller Zweifel und Unsicherheit, bis die betroffenen Menschen ihre augenblickliche Lage als unveränderlich begreifen und die Zusicherung Gottes auf Hilfe jenseits irdischer Grenzen in ihrem Leben Gestalt gewinnt? Ist auch unser Gottvertrauen so groß, dass es zum Rettungsanker für die Seele wird? Man kann nur mit dem Leben

abgeschlossen haben, wenn man um das Heil, das von Gott kommt, so bitten und beten kann. Jedoch bleibt uns am Ende, in einer ausweglosen Schicksalsstunde, denn ein anderer Halt, an den wir uns klammern können, als dieser?

Und reichst du uns den schweren Kelch,
den bittern
des Leids, gefüllt bis an den höchsten Rand,
so nehmen wir ihn dankbar ohne Zittern
aus deiner guten und geliebten Hand.

„Was Gott tut, das ist wohlgetan“, „Den lieben Gott lass ich nur walten“, „Mein Hirt ist Gott, der Herr“ – Kirchenlieder stimmen uns im Alltag immer wieder darauf ein, Gott zum Lenker unseres Lebens zu machen und seine Entschlüsse als richtig anzuerkennen.
Die Gottergebenheit in der dritten Strophe des Liedes ist nicht zu überbieten. Die Bereitschaft, den Leidenskelch anzunehmen, heißt für Bonhoeffer, den Weg zum Schafott anzutreten und sich auch hier, auf dem schwersten aller menschlichen Gänge, der Führung Gottes zu überlassen. Diese Verse sind gewiss nicht einfach niedergeschrieben, weil sie inhaltlich an diese Stelle passen oder sich so schön reimen; es geht ihnen eine ungeahnte zermürbende Auseinandersetzung mit sich selbst, aber auch mit

Gott voraus. Wie viele Stunden der Schlaflosigkeit, des inneren Ringens, des Haderns, des Zweifelns, des Betens mögen am Anfang gestanden haben?
Niemand ist so naiv, Leid, Schmerz, Kummer aus Gottes Hand anzunehmen, ohne nach dem Warum zu fragen. Aber sich am Ende auch noch dafür zu bedanken? Dazu gehört ein Gottvertrauen, eine Gottergebenheit, die nicht für jedermann nachvollziehbar ist, die jedoch auch die ungeahnte Tiefe einer innigen Gottverbundenheit offenbart.

Doch willst du uns noch einmal Freude schenken
an dieser Welt und ihrer Sonne Glanz,
dann wolln wir des Vergangenen gedenken,
und dann gehört dir unser Leben ganz.

So ganz geben wir es ja nie auf, auf einen glücklichen Ausgang zu hoffen, wenn wir vor unlösbaren Problemen stehen. Selbst wenn die Situation so verfahren ist, wie sie nur sein kann, ein Fünkchen Hoffnung bleibt. „Vater, wenn es möglich ist, so lass diesen Kelch an mir vorübergehen“, betete auch Jesus nach seiner Einwilligung in den Opfertod, doch unterwarf er sich dem Willen des himmlischen Vaters.
Und auch in Dietrich Bonhoeffer kehrt vielleicht

noch einmal der Gedanke ein, das durch Willkür des Volksgerichtshofes beschlossene Todesurteil könne möglicherweise in eine Zeitstrafe umgewandelt werden, an deren Ende die Freiheit winkt. Die Welt da draußen bekommt – trotz des Krieges – in der Nüchternheit der Zelle plötzlich ihren Glanz, die Sonne scheint, das ist unverdientes Glück. Schon werden in der Stille Pläne gemacht, die Phantasie schlägt kleine Purzelbäume – was würden auch wir nicht alles tun, wenn es das Schicksal noch einmal gut mit uns meinte ... Die Verse des Liedes offenbaren den Lebenswillen des Menschen über Todeserwartung und Todesangst hinaus. Wenn es noch eine Chance gäbe, wenn sich am Ende doch alles zum Guten wenden würde – nicht auszudenken. Wenn ... Das Wort wird zum Hoffnungsträger.

Lass warm und hell die Kerzen heute flammen,
die du in unsre Dunkelheit gebracht,
führ, wenn es sein kann, wieder uns zusammen!
Wir wissen es, dein Licht scheint in der Nacht.

Man hat den Eindruck, das Gedicht führe uns eine Treppe hinauf. Aus Elend und Leid, aus Dunkelheit und Freudlosigkeit geraten wir an der Hand des Autors immer mehr ins Licht. Es mag sein, dass die besinnliche Jahreszeit zwi-

schen Weihnachten und Neujahr, in der das Epos entstand, zu diesem warmen Empfinden beigetragen hat. Andererseits ahnen wir, dass Bonhoeffer, allein in einer Gefängniszelle, das Gefühl der Verlassenheit vermutlich stärker verspürte, aber dennoch so erfüllt war von der Wärme des inneren Lichtes, mit dem Gott seine Dunkelheit erhellte. Die tiefe Herzensverbundenheit mit seiner von ihm getrennten Familie lässt die vage Hoffnung aufkommen, Gott möge sie alle wieder zusammenführen. Denn es gibt ja eine Hoffnung gegen alle Vernunft und die Erwartung eines Lichtblicks auch im Zustand totaler Hoffnungslosigkeit.
Bauen wir uns nicht immer wieder Brücken, wenn wir uns in aussichtsloser Lage befinden? „Wenn du denkst, es geht nicht mehr, kommt irgendwo ein Lichtlein her ...“ Der Anfang dieses viel zitierten Gedichtes bündelt die Sehnsucht nach einer Schicksalswende wie in der oben zitierten Strophe. Es ist der Vorzug des Menschen gegenüber der übrigen Schöpfung, dass er diese Kräfte in sich mobilisieren kann.

Wenn sich die Stille nun tief um uns breitet,
so lass uns hören jenen vollen Klang
der Welt, die unsichtbar sich um uns weitet,
all deiner Kinder hohen Lobgesang.

Diese Strophe entrückt in eine andere Welt. Es ist, als ob der Gefängnisalltag gar nicht mehr existieren würde, sondern einer anderen Dimension Raum gäbe, einer Atmosphäre der Ruhe und des Friedens, die erfüllt ist vom Sphärenklang einer Musik, die nichts Irdisches mehr in sich birgt. In diese Musik stimmen die Kinder Gottes mit ihrem Lobpreis ein, um ihren Schöpfer zu verherrlichen und zu ehren.
Wo steht der Autor in diesem Augenblick? Nicht zwischen den schmalen kahlen Wänden seiner Zelle, sondern oberhalb des Fenstergitters und der verriegelten Gucklochtür. Er spürt nicht mehr die Fesseln, die ihn seiner Freiheit beraubten, noch die demütigende Behandlungsweise durch das Gericht.
In dieser Stunde hat der grobe Griff der Justiz keine Macht über ihn. Man hat den Eindruck: Es ist die Hand Gottes, die Dietrich Bonhoeffer für eine kurze Zeit aus der bedrohlichen Enge seiner Umgebung emporhebt und ihn einen Blick tun lässt in eine andere, friedlichere, ihm verheißene Welt. Ist es das Wissen um die kommende Seligkeit, das die Strophe so erhaben und feierlich macht? Aus tiefster Erniedrigung formen sich die Verse zum ewigen Lobgesang. Zu dieser Reife gelangt nur, wer sich ganz und bedingungslos in Gottes Hand begibt.

Von guten Mächten wunderbar geborgen,
erwarten wir getrost, was kommen mag.
Gott ist bei uns am Abend und am Morgen
und ganz gewiss an jedem neuen Tag.

Die letzte Strophe ist ein gewaltiger Schlussakkord in der Symphonie dieses wunderbaren Gedichtes. Es ist, als ob alle verfügbaren Instrumente die Botschaft in die Welt tragen möchten. Diese Strophe beschwört noch einmal die „guten Mächte", auf die wir alle vertrauen können. Auch in ausweglos scheinenden Situationen dürfen wir uns auf sie verlassen. Das anzunehmen, erfordert Mut, es gehört ein Urvertrauen dazu, das durch keine andere Kraft zu ersetzen ist. Gott legt seine behütende Hand auf jeden Menschen, die Flügel seiner Engel werden zu schützenden Mauern, die der Gefahr trotzen und das Böse abschirmen.
Diese letzte Strophe bringt alle Erfahrung eines gereiften Menschen auf den Punkt. Sie ist wie die Erkenntnis aller Erkenntnisse, nicht die Summe einer bestimmten Philosophie, noch das Resultat einer langjährigen Forschungsarbeit. Sie ist ein durch Zweifel und Verzweiflung, Not und Leid geprägtes unumstößliches Wissen. Diese letzte Strophe ist der Weg, der aus Dunkelheit ins Licht, in Sicherheit und Gewissheit führt. Gott ist bei uns ...

Alles liegt in seiner Hand, jede Stunde unseres Lebens ist in ihm geborgen. Wer es fertigbringt, mit dieser Botschaft zu leben, wird es in dunklen Stunden leichter haben als die, die nicht glauben können.

Hermann Multhaupt

Neujahr:
Gottes Segen in der Zeit

Neujahrssegen

Die neuen Tage öffnen ihre Türen.
Sie können, was die alten nicht gekonnt.
Vor uns die Wege, die ins Weite führen:
Den ersten Schritt. Ins Land. Zum Horizont.

Wir wissen nicht, ob wir ans Ziel gelangen.
Doch gehn wir los. Doch reiht sich Schritt
an Schritt.
Und wir verstehn zuletzt: das Ziel
ist mitgegangen;
denn der den Weg beschließt und der ihn
angefangen,
der Herr der Zeit geht alle Tage mit.

Klaus-Peter Hertzsch

Das Wunder sehen und weitergeben

So eilten sie hin und fanden Maria und Josef und das Kind, das in der Krippe lag. Als sie es sahen, erzählten sie, was ihnen über dieses Kind gesagt worden war. Und alle, die es hörten, staunten über die Worte der Hirten. Maria aber bewahrte alles, was geschehen war, in ihrem Herzen und dachte darüber nach.
Die Hirten kehrten zurück, rühmten Gott und priesen ihn für das, was sie gehört und gesehen hatten; denn alles war so gewesen, wie es ihnen gesagt worden war.
Als acht Tage vorüber waren und das Kind beschnitten werden sollte, gab man ihm den Namen Jesus, den der Engel genannt hatte, noch ehe das Kind im Schoß seiner Mutter empfangen wurde.

Lukas 2,16-21

Lebensgeschichten

Heute fangen wir ein neues Jahr an. Solche Tage lassen uns wie von selbst innehalten und Bilanz ziehen. Was war, wo stehe ich, was wird kommen? Wir dürfen dabei nicht zu oberflächlich fragen, nach Glück oder Pech. Die Frage muss heißen: Was habe ich aus mir gemacht? Wozu bin ich bestimmt? Wer sich nichts vormacht, wird sich eingestehen müssen: Im Vergleich zu dem, was ich sein könnte, bin ich mir etwas – und vielleicht manches – schuldig geblieben. Aber zugleich darf ich mir sagen: Es ist doch Weihnachten gewesen! Weihnachten auch für mich! Und wo, wenn nicht jetzt, da ich nach mir frage, hat jener Neuanfang seinen Ort, den mir die Heilige Nacht verspricht.

Aber wie anfangen mit diesem Anfang? Vielleicht steckt die Antwort in dem Namen, der über diesem ersten Tag des Neuen Jahres steht: Er gehört Maria. So ehren wir sie, die dem Geheimnis jenes neuen Anfangs näher steht als jede und jeder andere, ja, die selber in dieses Neuanfangen Gottes mit uns Menschen einbezogen war. Aber nicht einbezogen äußerlich wie ein Werkzeug, dessen sich Gott eben bedient, sondern hineingenommen durch das Einverständnis, das sie dazu gab. Dabei dürfen wir uns das alles nicht zu romantisch vorstellen. Maria musste selbst erst einmal die Spuren Gottes in ihrem Leben, seinen Ruf, seine Herausforderung entziffern lernen, bevor sie werden konnte, was sie nach Gottes Absicht sein sollte.

Was es heißt, die eigenen Lebenslinien entziffern, das macht eine mittelalterliche Legende deut-

lich, die später oft und oft in der Kunst bildlich dargestellt wurde. Nach dieser Legende hat Maria, als der Verkündigungsengel bei ihr eintrat, in der Bibel gelesen. Sie hat – will das heißen – ihr eigenes Leben, ihre Bestimmung und Zukunft von den alten Gottesgeschichten her verstehen gelernt. Sie hat gelesen, was Menschen mit Gott schon für Geschichten erlebt hatten seit Abraham. Und dann hat sie sich gefragt, ob denn dieser Gott, der oft so nahe, aber genauso oft ferne und rätselhafte, ob er denn vielleicht auch mit ihr so eine persönliche Geschichte vorhabe. Maria wird gefragt, wird überlegt, auch gerätselt haben. Aber sie hat sich von den Gottesgeschichten der Bibel Mut machen, hat sich von Gott in Anspruch nehmen lassen. Und so ist sie die geworden, die sie werden sollte.
Dieses Entziffern des eigenen Lebens ist dabei keineswegs ein einmaliger Vorgang, sondern etwas, das immer wieder getan werden will, damit irgendwann so etwas wie die Grundrichtung erkennbar wird. Schon die Künstler, die die alte Legende von vorhin malten oder schnitzten, haben das so gesehen. Eines Tages begannen sie nämlich, Maria mit dem Jesus-Kind auf dem Arm darzustellen – aber immer noch lesend, darum mit dem Buch der Gottesgeschichten in der anderen Hand. Auch Jesu Geschick und Geheimnis hat sie – wie wir alle bis heute – verstehen

lernen müssen. Und genauso die Rolle, die ihr zugedacht war in all dem. Vom Wort Gottes hat sich Maria ihr Leben auslegen lassen. Und erst, weil sie so lernte, worauf es hinauswill mit ihr, konnte sie ihr Leben leben – und wurde nicht einfach vom Gang der Dinge fortgerissen.
Was hilft mir, mein Leben zu entdecken und zu verstehen? Was andere sagen, was in der Zeitung steht oder was irgendein Großmaul im Fernsehen zum Besten gibt? Vielleicht haben Sie damit schon Erfahrungen machen müssen. Warum also den Neuanfang, der mir offen steht, nicht wie die Maria unserer Legende mit den Gottesgeschichten der Bibel machen? Sich zum Vertrauen ermutigen lassen wie Abraham oder Sara; den Mut zum Weg in die wirkliche Freiheit fassen wie Mose; der Wahrheit die Ehre geben wie die Propheten, auch wenn es manchen nicht passt; sich trösten lassen von den Psalmbetern oder dem leidenden Ijob, wenn ich dem Zusammenbruch nahe bin, weil sie alle bezeugen, dass gerade dort, wo ich einfach nicht mehr kann, dort, wo ich total down bin, Gott mir auf eine Weise nahe steht, die ich vorher gar nicht kannte!
Alle die Gottesgeschichten sind ja zu nichts anderem aufgeschrieben als dazu, dass sie meine eigenen Geschichten werden, buchstabiert mit dem Wortschatz meines Lebens – und das „-schatz“ in Wortschatz ist buchstäblich gemeint. Der gan-

ze Reichtum meines Lebens – und jedes Leben ist reich, auch das einfache, das behinderte, das schuldig gewordene –, dieser ganze Schatz in mir wartet geradezu darauf, unter Gottes Händen zu einer einmaligen Geschichte, zu seiner Geschichte und zu meiner Geschichte zu werden. Freilich muss ich ihm zur Verfügung stellen, was in mir liegt. Dann werde ich, was ich bin.

Aus der alten Kirche wird überliefert, was ein Heide einmal einem Bischof gegenüber gespottet habe: Das Christentum müsse ja wohl eine Religion für einfache Geister sein, da es mit einem einzigen Buch auskomme. Wenn Jesus so weise sei, wie die Christen behaupten, hätte er doch eine ganze Bibliothek hinterlassen müssen, in der alles geschrieben stehe, was irgendwie und irgendwann für das Leben von Belang sein könne. Der Bischof gab zur Antwort: Nein, uns reicht ein einziges Buch mit Gottes Wort. Denn du vergisst, dass jeder Gläubige dieses Buch neu schreibt.

Das neue Jahr liegt wie ein Buch mit lauter unbeschriebenen Seiten vor uns. Jeder Tag eine Seite, 365 insgesamt. Wir dürfen die Seiten beschreiben, eine nach der anderen. Wenn man etwas schreiben muss, fällt einem oft schwer anzufangen. Dann ist oftmals hilfreich, zu schauen, was denn andere schon geschrieben haben. Wer dafür das Buch mit den Gottesgeschichten aufschlägt und sich von ihm helfen lässt, wird am nächsten Neujahrstag in seinem Lebensbuch [...] eine Geschichte stehen haben, die stimmt – und die ihn dankbar macht.

Klaus Müller

Gebet für das neue Jahr

Ich lade alle ein, im kommenden Jahr jeden Tag vier Worte zu beten. Für mich sind sie „Haltegriffe“ für mein persönliches Gebet. Sie lauten:

Miserere

Herr, erbarme dich meiner Schwachheit.

Amen

Ja, so sein es. Ich nehme mein Leben aus deiner Hand. So wie es ist – ohne zu mäkeln.

Alleluja

Ich freue mich über deine Verheißungen, ich freue mich, dass ich von dir schon die Einladung zum Fest erhalten habe – aber eben darum:

Maranathà

Herr, komm! Komm bald! Lass aufscheinen, was ich jetzt nur mühsam glauben kann: dass du der Herr bist.

Miserere – Amen – Alleluja – Maranathà!
Ob das nicht ein Gebet für das neue Jahr sein könnte? Mögen es in unseren Städten und Dörfern, in unserem Land viele jeden Tag im Herzen sprechen!

Joachim Wanke

Innere (Gegen-)Kultur

In dem einen Satz steckt die wichtigste Auskunft über Maria. In dem einen Satz wird das Zentrum der Gottesbeziehung Israels angesprochen. In dem einen Satz ist für uns gesagt, wie wir den Glauben in unseren Alltag bringen können: „Maria bewahrte diese sprechenden Geschehnisse, diese ereigneten Worte und bewegte sie in ihrem Herzen". Das Erlebte und Gehörte kann fortwirken, wenn wir es uns zur Gewohnheit machen, es immer und immer wieder in unserem Herzen zu bewegen.
Dies ist die Übung im Glauben. Wenn wir den vielen Gedanken, die uns durch den Kopf gehen,

Struktur geben, dann kann der Glaube unser Herz bewegen. Das „Höre Israel!“ beschreibt es genau: Zu Hause bei den alltäglichen Beschäftigungen und auf der Straße, morgens beim Aufstehen und abends beim Niederlegen sollten wir unserem Herzen Gedanken zur Nahrung geben. Den Tag über können wir solche Gedanken pflegen. Dazu gibt es die Kalender der Herrnhuter Brüdergemeinschaft, die für jeden Tag einen kurzen Satz aus der Bibel als „Losung“ ausgelost haben. Dazu kann man das Liedblatt vom Sonntagsgottesdienst mitnehmen und über die Woche die Lesungen, den Psalm oder das Evangelium im Herzen bewegen. Manchmal hilft mir auch ein Lied oder die Melodie eines Taizé-Verses. Aber auch eigene Erfahrungen des Glaubens können wir dafür formulieren und mit uns tragen. Wer das regelmäßig praktiziert, wird erleben, dass die Durchmischung der „alltäglichen“ Gedanken mit der Botschaft des Glaubens Frucht trägt. Er wird auch erfahren, dass dies hilft, gegenüber all dem, was auf der Straße von den Werbetafeln und zu Hause im Fernsehen unsere Aufmerksamkeit in Beschlag nehmen will, eine innere Gegenkultur aufzubauen. Was wir im Herzen bewegen, bewegt uns. So kann das Geschehnis des Evangeliums unser Leben prägen.

Martin Löwenstein

Maria aber bewahrte ...

Die böse Stiefmutter, dieses ekelhafte Weib, behandelt das arme, liebe Aschenputtel wie eine Küchenmagd, nimmt ihr auf Anregung ihrer beiden Töchter die schönen Kleider weg, kleidet sie in Lumpen und lässt sie vom Morgen bis zum Abend schwere Arbeit tun. Zur großen Brautschau des Prinzen, zu der alle schönen Töchter des Landes eingeladen werden, kann sie auch nicht, weil sie keine schönen Kleider mehr hat und weil die fiese Stiefmutter eine Bedingung stellt, die das arme Ding unmöglich erfüllen kann, wie sie glaubt. Sie schüttet nämlich eine Riesenschüssel voll Linsen in die Herdasche, und verlangt, dass sie die Linsen in zwei Stunden wieder ausgelesen hat. Weil sie aber so ein braves Mädchen ist, hilft ihr die Vogelwelt: alle Vögel versammeln sich um die Herdasche und beteiligen sich an der Linsen-Lese, nach dem Motto „Die guten ins Töpfchen, die schlechten ins Kröpfchen“. Wird Aschenputtel ihre Aufgabe erfüllen? Wird sie aufs Schloss gehen können, trotz fehlender Festkleidung? Wird sie am Schluss den Prinzen bekommen?
Lesen Sie doch selber in den Märchen von den Gebrüdern Grimm, wenn sie den Ausgang der Geschichte nicht kennen! Ich verrate Ihnen nicht, wie's ausgeht! Aber etwas anderes verrate ich

Ihnen: was diese Geschichte mit dem heutigen Neujahrsfest, ja sogar mit Maria, der Mutter Jesu, zu tun hat:
Wieder liegt ein ganzes Jahr hinter uns. Was ist in dieser Zeit alles auf uns eingestürmt! Wie viele Nachrichten haben wir gehört, wie viele Worte und Sätze sind in unser Ohr gedrungen, wie viele Gefühle wurden in uns wachgerufen! Versuchten wir, alles Erlebte (und Erlittene) aufzuschreiben, dann kämen wir wohl nie an ein Ende.
Gut, dass es nicht nur ein Gedächtnis gibt, sondern auch die Fähigkeit zu vergessen, sonst wären wir schon nach ein paar Tagen ganz wirr im Kopf. Eine gewaltige Informationsflut dringt jeden Tag auf uns ein, die unmöglich zu verarbeiten ist. Dazu kommt, dass das Allermeiste für uns gar nicht von Bedeutung ist, „Informationsmüll“, „Herdasche“ sozusagen. Nach welchem Maßstab aber sieben wir aus? Da hatte es unser Aschenputtel viel leichter: von vorneherein stand fest, dass „Linse“ was Gutes ist, und „Dreck“ was Schlechtes. Wir aber können die vielen Ereignisse, Erkenntnisse, Erlebnisse gar nicht mehr verarbeiten – was ist wichtig, was unwichtig?
Früher war das alles viel einfacher: die Welt „drehte sich (sozusagen) langsamer“, die Ereignisse waren viel spärlicher, neue Erkenntnisse waren viel seltener und drangen erst allmählich

bei der Masse des Volkes durch. Wenn wir oberflächlich hinsehen, dann müssen wir den Eindruck haben, dass man dagegen gar nichts machen kann: Es sind ja die äußeren Umstände, die sich gewandelt haben; es sind Gegebenheiten, die außerhalb unserer Verfügbarkeit stehen; und die überfluten uns heutzutage wie eine Lawine, wie eine Sturzflut.

Und doch: Das heutige Evangelium spricht davon, dass es auch damals schon auf den Einzelnen ankam, was er mit all den Erfahrungen und Erlebnissen anzufangen weiß. Sehen wir mal näher hin:

Wie reagieren denn die Hirten? Zunächst heißt es, dass sie eine Engelsbotschaft erhielten. Dann wird erzählt, dass sie „rannten" – griechisch: spéusantes –, um mit eigenen Augen zu sehen, was der Gottesbote ihnen gesagt hatte; und kaum sind sie dort, sprudeln sie über von dem, was sie gesehen und gehört hatten. Sie müssen den anderen unbedingt weitererzählen, wovon ihnen das Herz voll ist, und auch müssen sie unbedingt sagen, wie ihnen zumute ist.

Von Maria heißt es aber ganz anders! Wörtlich: „Sie hielt alle diese Worte verwahrt und fügte sie in ihrem Herzen zusammen."

Welch ein Unterschied: Die Hirten reagieren genauso, wie wir heute. Nachricht – Sensation – Neugierde – Eile – Nachprüfen – Begeistertsein –

Reden, reden, reden. Und Maria? Um ihre Reaktion zu verstehen, muss man die tiefere Bedeutung des Wortes „Jungfrau“ zugrunde legen. Jungfrau, das heißt: Offenheit, Bereitschaft, Empfänglichkeit – vordergründig und biologisch natürlich für ein Kind, im mythischen und symbolischen Sinn aber für alles, was um sie herum vor-geht und sie an-geht. Sie „sammelt“ sozusagen Eindrücke, „speichert“ sie und dann fügt sie die Einzelerfahrungen zusammen wie die Teile eines Mosaiks, bedächtig, sich Zeit lassend, prüfend, ob ein Teil zum anderen passt. Manches ist auch für sie „Informationsmüll“ – Unwichtiges, Peripheres. Nur – woher hat sie das Kriterium, den Maßstab für das „Zusammenfügen“? Man muss doch schließlich – wenigstens in Andeutungen – schon vorher wissen, was am Schluss dabei herauskommen soll, was dabei „ins Kröpfchen“ und was dabei „ins Töpfchen“ gehört!
Ein Vergleich: Nehmen wir mal an, die drei älteren Geschwister haben zu Weihnachten je ein Puzzlespiel bekommen. Der Jüngste aber, immer zu Streichen aufgelegt, mischt nun alle drei Schachtelinhalte zusammen, dazu irgendwelche Tischabfälle oder Geschenkpapierfetzen. Nach üblichem Gebrüll und gehöriger Schuldzuweisung machen sich nun die drei Geschwister daran, Ordnung in das Chaos zu bringen. Sie sortieren aus, was zum Spiel gehört und was nicht, und

dann natürlich auch, was nicht zu ihrem eigenen Puzzlespiel passt. Mit Hast, mit Ungeduld geht da gar nichts. Aber wenn man bedächtig an die Sache herangeht und gar noch das Bild auf der Schachtel heranzieht, dann kann man ein Teilchen ans andere anfügen und ausprobieren, ob es passt. Dann wird allmählich klarer, wie das Ergebnis einmal aussehen könnte – und zum Schluss kann man dann das fertige Bild bewundern.

Was im heutigen Evangelium von Maria gesagt wird, ist eigentlich gar nichts anderes. Auch sie hat ein „Zielbild" im Hinterkopf, sozusagen einen Maßstab, der ihr zeigt, was wichtig und was unwichtig ist: Dieser Maßstab ist ein „Gottesbild", das ihr Vertrauen und Offenheit ermöglicht, das Bild von einem liebenden, menschenfreundlichen und fürsorglichen Gott. Auch wenn sie momentan die „Einzelteile" noch nicht „zusammenfügen" kann, weiß sie doch: zum Schluss werden sie schon passen. Zwar wird auch sie immer wieder in eine Vertrauensprobe gestellt, wenn ihr Sohn beispielsweise Dinge tut, die in ihren Augen gefährlich sind oder die sie einfach nicht verstehen kann – Simeon spricht vom Schwert, das ihre Seele durchdringen wird – aber grundsätzlich lebt sie „jungfräulich", also offen für alles, was er ihr schickt, und bereit, alles für letztlich sinnvoll zu halten. [...]

Gehören wir zu den Hirten? Waren wir schnell begeistert von Neuigkeiten, rasch beeindruckt von Sensationen, sofort bereit, unsere Empfindungen und Erlebnisse weiterzuerzählen? [...] dann laufen wir Gefahr, an der Oberfläche zu bleiben. Im neuen Jahr wird es so weitergehen: wieder Neues, wieder Sensationelles; die alten Eindrücke werden beiseite gedrängt und vergessen, weil wir kein Kriterium dafür haben, was wirklich wichtig oder unwichtig für uns ist; weil wir uns keine Zeit nehmen, das Wichtige „in unserem Herzen zu bewahren“ und „zusammenzufügen“.
Oder gehören wir zu Menschen wie Maria? Waren wir offen, „empfangsbereit“ für alles, was uns von Gott geschickt wurde – also für unser „Schicksal“? Hatten wir einen Maßstab, von dem aus wir Wichtiges und Unwichtiges unterscheiden konnten? Haben wir das Wesentliche „im Herzen bewahrt“ und „zusammengefügt“, mit Hilfe des „Gottesbilds“ von einem liebenden und fürsorglichen Vater? Nur durch solch eine Haltung kann sich unser „Lebenspuzzle“ allmählich formieren, kann uns der Sinn unseres Daseins immer deutlicher werden, kann das Gottvertrauen wachsen, auch in der Informations- und Erlebnisflut des neuen Jahres!

Eberhard Gottsmann

Lob Mariens

Du bist wie reines Glas, durch welches kam
das Licht, das von der Welt das Finstre nahm.
Von dir scheint Gottes Licht in alle Land,
da unsre Welt durch dich den Retter fand.
Hätt' ich zu loben tausend Zungen,
nie hätt' ich vollends ausgesungen,
o Frau, der hohen Wunder preis,
die Gott dir tat und Gott nur weiß!

Arnsteiner Mariengebet (12. Jh.)

Epiphanie:

Von neuer Gerechtigkeit Zeugnis geben

Der Morgenstern ist aufgedrungen

Der Morgenstern ist aufgedrungen,
erleucht't daher zu dieser Stunde
hoch über Berg und tiefem Tal,
vor Freud singt uns der lieben Engel Schar.

O heil'ger Morgenstern, wir preisen
dich heute hoch mit frohen Weisen;
du leuchtest vielen nah und fern,
so leucht auch uns, Herr Christ, du Morgenstern!

Daniel Rumpius

Die neue Offenbarung Gottes

Ihr habt doch gehört, welches Amt die Gnade Gottes mir für euch verliehen hat. Durch eine Offenbarung wurde mir das Geheimnis mitgeteilt, das ich soeben kurz beschrieben habe.

Den Menschen früherer Generationen war es nicht bekannt; jetzt aber ist es seinen heiligen Aposteln und Propheten durch den Geist offenbart worden: dass nämlich die Heiden Miterben sind, zu demselben Leib gehören und an derselben Verheißung in Christus Jesus teilhaben durch das Evangelium.

Epheser 3,2-3a.5-6

Ein anderer Weg

[Gottes] Weg ist total überraschend. Er ist ganz anders, als wir uns dies vorgestellt hätten. Gott kommt nicht triumphal; er kommt nicht als der starke Mann; er wählt nicht den Weg der Mächtigen, um ihnen zu imponieren und ihren Einfluss zu nutzen. Er kommt völlig hilflos: Er kommt als Kind. Er kommt als schwaches Kind, das auf die Hilfe seiner Eltern angewiesen ist. Er, der ganz Andere, der Sohn des unendlichen Gottes, wird Mensch, wird einer von uns. Gott spricht sein Wort der neuen Schöpfung nicht von oben herab über unsere Köpfe hinweg, sondern in unser Leben, in unser aller „Fleisch“: „Und das Wort ist Fleisch geworden und hat unter uns gewohnt“ (Joh 1,14).

Er hat unter uns gewohnt – nicht in der Distanz und Abgeschiedenheit eines Königspalastes, sondern in der Ärmlichkeit und Unwirtlichkeit eines Stalles, einem Unterstellplatz, in den die Armen und einfachen Leute, die Hirten auf den Fluren Bethlehems, ohne Scheu auch sogleich kommen. Sie dürfen spüren: Da ist ein Kind, das Wärme bringt in die Kälte des Stalles; da ist ein Kind geboren, dessen Licht ihre Nacht hell macht. Die Ärmlichkeit und Armseligkeit des Stalles werden überstrahlt durch die Botschaft und den Glanz der Engel, die Gottes Neuanfang für diese Welt verkünden: Der verborgene Gott ist aus sich herausgetreten und hat sich in der Menschwerdung seines Sohnes voll eingelassen in die Schöpfung. Der Sohn Gottes im Stall von Bethlehem, das Kind in der Krippe ist Gottes unendliche Zuwendung zu uns, das Geschenk eines neuen Lebens.

Gott kommt als Kind und spricht die Sprache des Kindes. Es gibt keine andere Sprache in der Welt, die von uns Menschen so spontan und selbstverständlich verstanden wird wie die Sprache eines Kindes. Das Kind ist hilflos, angewiesen auf die Eltern. Jedes Kind braucht Liebe und Zuwendung, Rücksichtnahme und Sympathie. Das Kind weckt in uns die tieferen menschlichen Regungen und entscheidend menschlichen Haltungen. Das Kind in seiner Hilflosigkeit provoziert Liebe. Sein Lächeln verwandelt uns und lässt selbst brummige und verbitterte Gesichter hell werden. Das Kind lässt uns ahnen, welche Kräfte wahrer Menschlichkeit und menschlicher Liebe in uns bereit liegen. Weihnachten hilft, sie zu wecken.

Robert Zollitsch

Leuchtende Erkenntnis

Eine Sehnsucht zu spüren, tut gut. Dann sind wir offen und warten noch – ohne alles sicher zu verstauen, zu verklären, in Mogelpackungen zu verkaufen. Aber kommen Sie doch mit – wir besuchen einmal Korinth. Übrigens: Als die Weisen aus dem Morgenland nach Bethlehem pilgerten, um den neugeborenen König – Jesus – anzubeten (vgl. Mt 2), kamen sie stellvertretend für alle Völker, für alle Heiden, stellvertretend auch für Korinth. Die große weite Welt versammelt sich an der Krippe. Neben kostbaren Geschenken werden hier auch Hoffnungen hingebracht, Träume und Sehnsüchte ...
Mit der Zeit war in Korinth, einer bedeutenden antiken Hafen- und Handelsstadt, Umschlagplatz vieler kostbarer Waren und aufregender Gedan-

ken, eine kleine christliche Gemeinde entstanden. Dass die Leute aufgeweckt waren, merkten alle ganz schnell. Dass sie gerne diskutierten (und auch stritten), gereichte ihnen zur Ehre. Aber sie zogen Grenzen untereinander, bildeten Lager und spielten mit Trennungen. Das brachte die kleine Gemeinde an den Rand des Ruins. Die Krönung war, dass sich alle ein Urteil darüber zutrauten, wer Gott richtig versteht – und eben auch richtig zu ihm gehört.
Paulus, der die Gemeinde gegründet hat, schrieb ihr sogar einen „Tränenbrief“, steht aber wie ein Depp da. Es ist nichts Königliches an ihm: Er sieht nicht gut aus, er hat eine piepsige Stimme und was er sagt, ist glanz- und schnörkellos. In Korinth ist man Größeres und Besseres gewohnt. Nein, aus Korinth wären die Weisen aus dem Morgenland nicht nach Bethlehem aufgebrochen, eher hätte man sie dort erwartet – und sich mit ihnen geschmückt.
Wenn es nur um Animositäten ginge – wir könnten diese Geschichte abhaken. Aber in Wirklichkeit stand nichts Geringeres auf dem Spiel als das Evangelium, das Gottes Nähe und Liebe zu allen Völkern bringt.
Aber lesen wir, was Paulus den Korinthern geschrieben hat: „Denn wir predigen nicht uns selbst, sondern Jesus Christus, dass er der Herr ist, wir aber eure Knechte um Jesu willen. Denn

Gott, der sprach: Licht soll aus der Finsternis hervorleuchten, der hat einen hellen Schein in unsre Herzen gegeben, dass durch uns entstünde die Erleuchtung zur Erkenntnis der Herrlichkeit Gottes in dem Angesicht Jesu Christi“ (2 Kor 4,3-6).

Paulus zitiert die Schöpfungsgeschichte, die Geschichte vom „Ersten Tag“: Gott, der am 1. Tag der Schöpfung das Licht hervorgebracht hat, macht unsere Herzen hell – um anderen Menschen Licht zu schenken. Paulus, missverstanden und kleingemacht, bringt auf den Punkt, was mit Jesus in die Welt gekommen ist – eben auch nach Korinth. Die Herrlichkeit Gottes ist in dem Angesicht Jesu Christi zu erkennen. Durch uns ... Ob Streit, Entzweiung, Rechthaberei – und sei es im Namen der größten Wahrheit – Licht bringen?

Es ist nicht bekannt, was die Leute in Korinth über die kleine christliche Gemeinde in ihren Mauern gesagt – oder auch nicht gesagt haben. Ob sie eine Sehnsucht verspürten?

Manchmal sehen wir im Dunkeln Gespenster. Manchmal schicken wir die Gespenster auch durch die Gemeinde. Sie heißen: Angst. Verzagtheit. Selbstgenügsamkeit. Ob die verwöhnten Ohren in Korinth davon hörten? Auch nur zuhören wollten? Ich weiß es nicht. Aber ich sehe unter uns die Angst umgehen, als Kirche nicht mehr anerkannt zu werden, immer mehr an

Bedeutung zu verlieren und auch substanziell zu verarmen. Ich nehme auch die Verzagtheit wahr, in dieser Situation überhaupt noch Glauben zu bekennen, für das Evangelium ein gutes Wort zu haben und mit Menschen eine Hoffnung zu teilen. Bei mir selbst entdecke ich manchmal, wie ich mich mit der Binnenstruktur unserer Gemeinde – wir könnten sie auch Ghetto nennen – zufrieden gebe.

Aber dann werden draußen die Hoffnungsgeschichten nicht mehr erzählt, die Geschichten, die verschlossene Biografien öffnen und gute Wege wissen. Wenn sie fehlen, womöglich nicht einmal vermisst werden, feiern die Gespenster – ein Fest.

Rainer Maria Rilke hat in dem Zyklus „Mir zur Feier" [...] einmal geschrieben:

Du musst das Leben nicht verstehen,
dann wird es werden wie ein Fest.
Und lass dir jeden Tag geschehen
so wie ein Kind im Weitergehen
von jedem Wehen
sich viele Blüten schenken lässt.

Sie aufzusammeln und zu sparen,
das kommt dem Kind nicht in den Sinn.
Es löst sie leise aus den Haaren,
drin sie so gern gefangen waren,

und hält den lieben jungen Jahren
nach neuen seine Hände hin.

Sich viele Blüten schenken lassen? Leise aus den Haaren lösen? Seine Hände hinhalten ...
Paulus spricht von dem hellen Schein, den Gott in unsere Herzen gegeben hat. Es ist der helle Schein des Evangeliums selbst – die Liebe Gottes, seine Treue. Herzen, die um die dunklen Seiten am besten wissen, die auch die Ecken schützen, die das Licht scheuen, werden verwandelt, neu gemacht, befreit. Trotz vieler Worte: Am Ende ist es immer nur das eine Wort, das mich für das Leben fit macht: Ich liebe dich.
Die, die nur als Schatten leben können, treten ins Licht hinaus, werden gesehen, angenommen, geliebt.
Und die, die über alles Schatten legen, Freiheit unterdrücken und Angst machen, verlieren den Schutz der Dunkelheit.
Die Gespenster – Angst, Verzagtheit und Selbstgenügsamkeit – werden sich nicht mehr an unseren Tisch setzen, sich nicht mehr zu uns ins Bett legen, uns nicht mehr gefangen nehmen.
Dass die Herrlichkeit Gottes aufgeht – darauf haben die Menschen lange gewartet. Ich auch!

Manfred Wussow

Kinder suchen Frieden

„Kinder suchen Frieden“, so lautet(e) das Leitwort der Aktion Dreikönigssingen 2009. Vor allem in den Ländern, in denen Krieg und Gewalt herrschen, suchen Kinder Frieden. [...] Das Geld, das die Sternsinger sammeln, kommt zwar wieder armen Kindern in aller Welt zugute, aber die Sternsinger lenkten [im letzten] Jahr die Aufmerksamkeit besonders auf Kolumbien. Die Gewalt, die dort oft und vielerorts herrscht, trifft am härtesten Kinder und Jugendliche:
Viele werden Opfer von Entführungen. Oft müssen sie mit ansehen, wie Familienangehörige verschleppt oder gar umgebracht werden. Manche werden gezwungen, als Drogenkuriere tätig zu werden oder als Kindersoldaten zu kämpfen. Die internationale Koalition gegen den Einsatz von Kindersoldaten beklagt, dass alle kolumbianischen Konfliktparteien Kinder als Kämpfer einsetzten. Auch die Kinder und Jugendliche in Kolumbien suchen Frieden. Ja, sie sind die Hoffnungsträger Kolumbiens. Es gibt viele Initiativen und Projekte in Kolumbien, die Kindern Mut machen. Eines von ihnen ist „Red Juvenil“. Dieses Jugendnetz verbindet in der Hauptstadt Medellin 500 Jugendgruppen. Kinder und Jugendliche beschreiten hier neue Wege, um sich in die Gesellschaft einzumischen. Bei Aktivitäten wie

Musik und Theaterworkshops oder einer eigenen Werkstatt, in der T-Shirts bedruckt werden, entwickeln sie ihr Ideal von einem demokratischen, gewaltfreien Land. Die Aktion Dreikönigssingen unterstützt die Arbeit von Red Juvenil seit vielen Jahren.

Nicht nur in Kolumbien und in anderen Ländern, in denen Krieg und Gewalt herrschen, suchen Kinder Frieden, sondern auch hier bei uns. Hoffentlich findet ihr, lieben Sternsingerinnen und Sternsinger, in eurer Sternsingeraktion Frieden. [...] Der Abschluss der Sternsingeraktion kann [...] schnell zu einer Herausforderung für den Frieden werden. Wenn es nämlich um die Verteilung der Süßigkeiten geht, die die Menschen [...] geschenkt haben. Ohne Gerechtigkeit gibt es nämlich keinen Frieden. Und es ist schwer, [...] gerecht zu verteilen. Oft denkt man, es ist gerecht, wenn jeder das Gleiche bekommt. Aber das ist beim Abschluss der Sternsingeraktion schon kaum zu verwirklichen. Wenn man zum Beispiel sagt: Jeder bekommt die gleiche Anzahl von Süßigkeiten, so wird das nicht das Gleiche sein, weil die Süßigkeiten unterschiedlich groß und unterschiedlich teuer sind. Außerdem kann es auch ungerecht sein, wenn jeder das Gleiche bekommt. Was ist zum Beispiel, wenn manche Kinder einige Stunden länger als Sternsinger unterwegs waren oder wenn eine Gruppe zu Fuß gehen musste, während die andere mit dem Auto gefahren wurde? Sollten nicht die größeren Kinder mehr Süßigkeiten bekommen und die dicken weniger? Ihr merkt, wie schwer es ist, Gerechtigkeit zu verwirklichen. In der Bergpredigt Jesu sind zwei Voraussetzungen genannt, die oft nötig sind. Es braucht Friedensstifter, Menschen, die mithelfen, dass jeder sein Anliegen vortragen und seine Wünsche einbringen kann, und die dann helfen, dass miteinander eine gemeinsame Lösung gefunden wird. Bei euch, liebe Kindern, sind dies oft Eltern, Lehrer oder Pädagogen. Bei den Erwachsenen sind es oft Richter oder Mediatoren. Sie haben eine schwere, aber unverzichtbare Aufgabe. Und Jesus hat völlig recht, dass er diejenigen selig preist, die das gut können. Jesus preist aber auch die Barmherzigen selig. Das sind die, die auch einmal nachgeben können. Sicher dürfen das nicht immer dieselben sein, sonst sind sie die Dummen. Aber wer hier und da bereit ist, um des lieben Friedens willen, auch einmal nachzugeben, der ist – wie es im Sprichwort heißt – wirklich der Klügere. Und Jesus hat recht, ihn selig zu preisen.

Ulrich Neymeyr

Liebende Begegnung

In der liebenden Begegnung mit dem Bruder leuchtet uns das Bild Christi auf, geschieht Epiphanie:
im Lächeln des Kindes,
im Blick des geliebten Menschen,
im dankbaren Auge des Beschenkten,
im sorgendurchfurchten Gesicht des Kranken –
in jeder liebenden Bewegung des Herzens,
in jedem Dank,
jedem Du.

Rudolf Pesch

Die Kraft investieren

Es geht ja wie ein tiefer Spalt durch unser ganzes Denken. Wir alle haben Kräfte, ob es Kräfte des Leibes, der Seele oder des Geistes sind. Wir alle können etwas tun. Aber den meisten fehlt die Kraft, ihre Kräfte einzusetzen.
Wir alle sind intelligente Wesen und können denken und uns etwas einfallen lassen. Aber den meisten fehlt der Mut, ihren Verstand zu gebrauchen.

Wir alle sind fähig zu lieben. Aber die meisten bleiben in sich selbst angebunden, und ihre Liebe kommt nicht heraus. Woran mag das liegen?
Jeder weiß zum Beispiel, dass Hunderte von Millionen Menschen rund um den Erdball verhungern. Jeder weiß auch, dass Europa tief begraben liegt unter seinen Butter-, Weizen oder Schweinebergen. Und jeder weiß, dass es genug Gründe gibt, warum die Nahrung unmöglich zu denen kommen kann, die sie brauchen.
Jeder kann wissen, dass Hunderte von Millionen Menschen unter Verhältnissen leben, die vom Unrecht herrschender Schichten und von der Gleichgültigkeit der Zuständigen gekennzeichnet sind. Und jeder kann wissen, dass es aus tausend traurigen Gründen bis ans Ende der Welt so sein wird. [...]
Diesen Zwiespalt in dir selbst zu überwinden, dazu kann dir das Gebet helfen, weil es eine Anleitung zu Klarheit und zur Entschiedenheit ist. Wenn du wissen willst, wofür dich Gott braucht, dann darf dir manches nicht ganz so wichtig sein, was in unserm Umkreis wichtig ist.
Vielleicht kennst du die Geschichte von Zachäus? [...] Als Jesus ihm, dem reichen Mann, dem bisher das Geld Inbegriff von Macht und von Glück war, seine Güte schenkte, da konnte Zachäus sein Geld plötzlich mit vollen Händen

verstreuen. Und Jesus sagt auch: Glücklich ist, wer hungert und dürstet nach Gerechtigkeit. Wer danach hungert, dass Menschen ihre Würde bewahren, der wird seine Würde empfangen. Wer anderen Halt gewährt, findet Halt für sich selbst. Wer andere frei macht, wird ein freier Mensch.
Und dazu kommt, dass du über den Tag hinaus denkst auf die Zukunft hin, von der die Bibel spricht, die alle Müdigkeit, von der ich vorhin gesprochen habe, mit großer Kraft widerspricht. Es ist nicht hoffnungslos, sagt die Bibel.

Jörg Zink

Das Glück der Weisen

Weise ist der Mann, der aus den Händen des Glücks nicht mehr verlangt, als er bedarf, und der seine Ruhe nicht in der Befriedigung, sondern in der Mäßigung seiner Begierden sucht. Kann er sich auch nicht in Seide und Purpur hüllen, er will nur seine Blöße decken. Reizen auch Indiens Gewürze und Zyperns Weine seinen Gaumen nicht, er will nur seinen eigenen Körper nähren und seine Kräfte unterstützen. Keine Marmorsäulen tragen sein Dach, aber es schützt

ihn gegen die Stürme des Himmels. Er wird nicht unter den Reichen, nicht unter den Angesehenen seines Volkes gepriesen, ihm genügt der Name eines guten Menschen, eines friedlichen Bürgers, eines treuen Familienvaters. Er sieht sich nicht von Schmeichlern umlagert; kein Schwarm von Dienern erwartet seine Befehle; keine Klienten huldigen ihm; keine Fremden drängen sich zu seiner Bekanntschaft; ihm genügt ein Freund. Um sich sein mäßiges Glück zu gönnen, gönnt er jedem andern sein großes.
Das wahre und sichere Glück des Lebens liegt nicht außer uns, sondern in uns; nicht in den Goldkisten, nicht in dem Adelsbriefe, nicht in dem schäumenden Pokal, sondern in ruhigen, zur Freude rein gestimmten Herzen. Wer mit einer Brust voll ungeziemter, brennender Leidenschaft seine Ruhe im Reichtum oder in dem Stande sucht, findet sie nie. Er hat eine Million gehäuft und findet sie nicht; er häuft die zweite und findet sie noch nicht. Er ist aus dem Staube in die Ratsstube, in das Kabinett des Fürsten, an die Spitze einer Armee, auf den Thron gestiegen. Immer höher und nie erreichbar stieg sie vor ihm auf, je höher er selber stieg. Selbst auf dem Thron sitzt sie nur für den, der sie auf den Thron mitbringt. Nur der Zufriedene, der seine Wünsche auf das beschränkt, was Natur und Glück und Fleiß ihm gewährt, und in dem Besitz und

Genuss dessen seine Wünsche befriedigt sieht, nur er hat Ruhe und für die Freude des Lebens einen offenen Sinn. Nur ihm lächelt der Frühling und seine Blüten; ihm schwanken die Gipfel des Blütenhains in der kraftbewegten Luft; ihm flüstert die vertrauliche Quelle. Sanfter Schlummer besucht seine Lagerstätte, während auf seidenen Polstern den Reichen die Sorgen, den Ehrsüchtigen der Neid, den Schwächling die Sünden quälen und der Ausschweifende in lärmenden Sälen sich zum Schwächling entkräftet; und mit leichtem Sinn und leichtem Herzen wacht er am Morgen auf, begrüßt die wiederkehrende Sonne und hat ein offenes Herz für alle neuen Freuden der Natur.

Um sich sein gemäßigtes Glück zu gönnen, gönnt er jedem andern sein größeres. Dankbar und mit Vertrauen blickt er zum Himmel auf, der die Waage des Schicksals hält. Ohne Reue schaut er in die Vergangenheit, ohne Furcht in die Zukunft. Untreu ist jeder andere Besitz, unentreißbar nur der, den wir im Herzen tragen.

Johann Peter Hebel

Taufe:

Gott geht mit

Geh deinen Weg

Geh deinen Weg, der noch im Dunkeln liegt,
der nur in deinen Träumen lichtdurchflossen.
Geh ihn getrost. Er ist für dich gefügt
aus Tränen, die du irgendwann vergossen,

aus Aufbruch und aus Weitergehen,
aus deinem Lachen, deinem Sehnen, Wagen
und aus Erschrecken auch und Stillestehen,
aus lichten und aus leidgefüllten Tagen.

Geh deinen Weg! Er ist dir längst bereitet
von dem, der dich und sich verband
und deinen Schritt, wo er auch geht, begleitet.
So geh getrost! Du gehst an seiner Hand.

Er segne dich, dass du sollst Segen sein
für Menschen, die dir unterwegs begegnen.
Er segnet keinen nur für sich allein –
So sei gesegnet denn, um selbst zu segnen.

Wilma Klevinghaus

Ohne Ansehen der Person

Da begann Petrus zu reden und sagte: Wahrhaftig, jetzt begreife ich, dass Gott nicht auf die Person sieht, sondern dass ihm in jedem Volk willkommen ist, wer ihn fürchtet und tut, was recht ist. Er hat das Wort den Israeliten gesandt, indem er den Frieden verkündete durch Jesus Christus; dieser ist der Herr aller. Ihr wisst, was im ganzen Land der Juden geschehen ist, angefangen in Galiläa, nach der Taufe, die Johannes verkündet hat: wie Gott Jesus von Nazaret gesalbt hat mit dem Heiligen Geist und mit Kraft, wie dieser umherzog, Gutes tat und alle heilte, die in der Gewalt des Teufels waren; denn Gott war mit ihm.

Apostelgeschichte 10,34-38

Die Menschheitsfamilie – Gemeinschaft des Friedens

[...] Wir haben die Aufgabe, der Schöpfung ein Gesicht zu geben, das immer Maß nimmt an der Liebe Gottes, mit der er uns die Schöpfung überantwortet. Wenn Gott in Christus die Schöpfung in die Vollendung führt, ob die Erde als Teil dieser Schöpfung noch bewohnbar sein wird?

Die Schriftstellerin Christa Wolf denkt in ihrem Buch „Störfall" darüber nach, ob der Störfall Tschernobyl, als der Block eines Atomkraftwerkes explodierte und eine beträchtliche Menge von Radioaktivität in die Atmosphäre freigegeben wurde, sich dann über ganz Europa verbreitete, so dass Menschen verseucht und Ernten vernichtet wurden, ob dies nicht das Menetekel für eine Endzeit sei. Sie schreibt in Briefform an ihren Bruder, der im Krankenhaus liegt, und beschreibt ihm, dass es keinen vertrauten Blick mehr auf die grüne Wiese gäbe, auf die Bäume, die Felder, die Wolken, die Milch, dass sie sich vielmehr fremd fühle auf dieser Erde und Angst habe, dass die Rede vom strahlenden Himmel plötzlich eine ganz andere Bedeutung habe.
Ihre Überlegungen führen notwendigerweise zu der Frage, ob die Technik, die angetreten sei, den Menschen von angstauslösenden Naturmächten zu befreien, nicht jetzt selbst zu einer nicht beherrschbaren Macht geworden sei, die immer mehr Probleme produziere, als sie lösen könne. Die Technik entlarvt die scheinbaren Beherrscher dieser Welt als die, die ihrer nicht mehr Herr werden. Was Angst, Abwehr versprach, ist zur Angststeigerung geworden.
In der Tat stellen sich bedrängende Fragen, die nicht nur infolge eines großen Störfalls, sondern mit nüchterner Beobachtung als ein grundle-

gendes Gestörtsein ausgelöst wurden. Das ökologische Gleichgewicht dieser Erde ist nachhaltig gestört. Der Energiebedarf, den die industrialisierten Nationen haben, wird zur noch größerer Rücksichtslosigkeit gegenüber den armen Ländern führen. Sogenannte Biokraftstoffe lassen die Preise für Getreide, Zuckerrüben und Zuckerrohr geradezu explodieren. Abgehängt werden die Menschen, die Ärmsten der Armen, die sich nun diese Nahrung nicht mehr leisten können.

Wir wissen um das Bedrängende dieser Fragen, und es ist uns klar, dass wir nicht die Verantwortung, die wir selbst haben, auf andere schieben können. Wir sind in einer Weltverantwortung, die dann meine eigene Verantwortlichkeit vor Ort auch einbezieht. Es gibt keine Ausrede. Ich kann nicht sagen, das ist uns von oben so verhängt, das ist Schicksal, dem wir nicht entfliehen können. Ich kann ihm entfliehen, wenn ich dagegen tätig werde.

Wie sehr Gott an uns gelegen ist, zeigt seine Menschwerdung. Wie viel uns am Menschen liegt, wird da am deutlichsten, wo wir sein Evangelium Gestalt werden lassen in unserem täglichen Leben.

Werner Guballa

Mein Bethlehem

Hier, wo ich bin
Am Ende des Pfads
Stolperweg durch die Nacht
Voller alberner Hoffnung

Hier, wo ich stehe
Im Tunneldunkel
Und der Engel ist weit
Und sein Licht

Hier wie damals
beith lächem
Brothaus
Verheißung
Morgen

Bettine Reichelt

„DU wirst es morgen verstehen ...“

„Es ist eigenartig, wie das Gehen durch fremdes Land,
allein,
auf sich gestellt,
das Instinkte weckt und
sich seine eigenen Gesetze schafft.
Ein Gesetz lautete: Dreh nicht um. Geh weiter,
auch wenn du es nicht verstehst.
Du wirst es morgen verstehen.“

Wolfgang Büscher

[...] Wo beginnt eigentlich das Reich Gottes? Draußen in der Welt – irgendwo? Oder tief drinnen in mir? Und was wächst da vor sich hin? Die großen christlichen Tugenden, eine neue Welt ... Je älter ich werde, um so mehr muss ich begreifen lernen, was ich alles noch nicht begriffen habe. Und je länger mein Lebensweg wird, um so mehr wird mir auch deutlich, wie unfassbar dieses Reich Gottes ist – in seinem Anspruch, seinen Wirklichkeiten, seiner Umsetzung, meinen lausigen Ansätzen irgendwie dabei meinen Platz zu finden. Und sich trotzdem geliebt zu wissen und zugehörig.

Ganz schön schwierig, aber auch irgendwie tröstlich, in mir auch dieses Senfkorn erahnen zu dürfen, dieses „Reich Gottes", das wächst und gedeiht und große Zweige treibt.
Und jeden Tag neu über den eigenen Lebensacker zu wandern, auf dem noch längst nicht alle Senfkörner in den Himmel gewachsen sind, sich seinen Weg suchen müssen (aber auch dürfen) und den inneren Auftrag für den eigenen Weg zu spüren: „Dreh nicht um. Geh weiter, auch wenn du es nicht verstehst. Du wirst es morgen verstehen."
Ich wünsche Ihnen ein gutes Weiterreifen und den Mut, den eigenen Weg zu finden und zu gehen. ... und so Teil des Reiches Gottes zu sein!

Roland Huth

Vom Reich Gottes

„Wisset, dass Gottes Reich nahe ist", so spricht unser lieber Herr. Ja, das Reich Gottes ist in uns, und Sankt Paulus spricht, dass uns unser Heil näher ist, als wir glauben. Nun sollt ihr wissen, wie das Reich Gottes uns nahe ist. Hiervon müssen wir den Sinn mit Fleiß merken. Wenn ich ein König wäre und wüsste es nicht, so wäre ich

kein König. Aber hätte ich die feste Überzeugung, dass ich ein König sei, und meinten und dächten das alle Leute mit mir, und ich wüsste fürwahr, dass das alle Menschen meinten und glaubten, so wäre ich ein König, und aller Reichtum eines Königs wäre mein.
Also hängt auch unsere Seligkeit davon ab, dass man das höchste Gut, das Gott selber ist, erkenne und wisse. Ich habe eine Kraft in meiner Seele, die Gottes allzumal empfänglich ist. Ich bin dessen so gewiss, als ich lebe, dass mir kein Ding so nahe ist wie Gott. Gott ist mir näher, als ich mir selber bin, all mein Wesen hängt daran, dass mir Gott nahe und gegenwärtig ist. Wenn ich an Gottes Reich denke, dann befällt mich tiefes Schweigen seiner Unermesslichkeit wegen. Denn Gottes Reich ist Gott selbst mit all seinem Reichtum.
Wer alle Welten bedächte, die Gott erschaffen konnte, das alles wäre Gottes Reich nicht. In welcher Seele Gottes Reich erschiene und Gottes Reich erkannt würde, der brauchte man nicht zu predigen noch sie zu lehren. Sie wäre aus ihr selber belehrt und des ewigen Lebens versichert. Wer weiß und erkennt, wie nahe ihm Gottes Reich ist, der kann mit Jakob sprechen: „Gott ist hier an diesem Ort, und ich wusste es nicht."
Gott ist in allen Kreaturen gleich nahe. Wer ihn wahrnehmen will, kann ihn in einer jeden Krea-

tur finden und erkennen. Ein Meister sagt: Der nur erkennt Gott recht, der seiner in allem gleicherweise inne wird. Und: Gott in Furcht dienen, das ist gut; ihm in Minne dienen, das ist besser; aber die Minne und die Furcht in eins nehmen, das ist das Allerbeste. Dass der Mensch ein Leben der Ruhe und Rast in Gott hat, ist gut; dass er ein Leben der Pein in Geduld trägt, das ist besser; dass man aber diese Rast im peinvollen Leben habe, das ist das Allerbeste.

Ein Mensch gehe auf dem Felde und spreche sein Gebet und bekenne Gott, oder er sei in der Kirche und bekenne Gott: Wenn er Gott darum, dass er an einem Ruheort ist, eher erkennt, so kommt das von seiner Gebrechlickeit, nicht von Gott; denn Gott ist an allen Orten gleich und ist, soweit es an ihm liegt, immer gleich bereit, sich zu geben. Und der erkennt Gott recht, der ihn überall in gleicher Weise findet.

Der Himmel ist an allen Orten gleich fern von der Erde. Also soll auch die Seele von allen irdischen Dingen gleich fern sein, dem einen nicht näher als dem anderen. Sie soll sich gleichermaßen fern halten in Liebe, in Leid, im Haben, im Entbehren; in allem, was es auch sei, soll sie zumal gestorben, gelassen sein und darüber erhoben stehen.

Der Himmel ist rein und klar ohne alle Flecken, den Himmel berührt nicht Zeit noch Raum. Alle leiblichen Dinge haben darin keine Stätte. Sein Umlauf ist unglaublich schnelle, sein Lauf ist sonder Zeit, aber von seinem Lauf kommt die Zeit. Nichts hindert die Seele so sehr an der Erkenntnis Gottes als Raum und Zeit. Zeit und Raum sind Stücke. Gott ist Eines. Darum, wenn die Seele Gott erkennen soll, so muss sie Gott über Zeit und Raum erkennen. Denn Gott ist Eines. Soll die Seele Gott erkennen, so darf sie mit der Nichtigkeit keine Gemeinschaft haben. Wer Gott sieht, der erkennt, dass alle Kreatur nichtig ist. Wenn man eine Kreatur mit der anderen vergleicht, so mag sie schön scheinen und etwas sein; wenn man sie aber gegen Gott vergleicht, dann ist sie nichts.

Ich sage mehr: Soll die Seele Gott erkennen, so muss sie auch ihrer selbst vergessen und muss sich selber verlieren. Solange sie sich noch selber sieht und erkennt, solange sieht und erkennt sie Gott nicht. Wenn sie sich an Gott verliert und alle Dinge lässt, so findet sie sich in Gott wieder, weil sie Gott erkennt. Und dann erkennt sie sich selber und alle Dinge, von denen sie sich geschieden hat, in Gottes Vollkommenheit.

Will ich das höchste Gut und die ewige Güte erkennen, wahrlich, so muss ich sie erkennen, wie sie gut ist in sich selber, nicht, wie sie geteilt ist. Soll ich das wahre Wesen erkennen, so muss ich es erkennen, wie das Wesen in sich selber ist, nicht, wie sie geteilt ist. Soll ich das wahre Wesen erkennen, so muss ich es erkennen, wie das Wesen in sich selber ist, das heißt, wie es in Gott ist, nicht wie es in den Kreaturen ausgeteilt ist. In Gott allein ist das ganze göttliche Wesen. In einem Menschen ist nicht die ganze Menschheit, denn ein Mensch ist nicht alle Menschen. Aber in Gott erkennt die Seele die ganze Menschheit und alle Dinge im Höchsten, denn sie erkennt sie nach dem Wesen.

Ein Mensch, der in einem schön ausgemalten Haus lebt, der weiß mehr davon als ein anderer, der nie hineinkam und etwa viel davon sagen wollte. Darum ist es mir so gewiss, wie dass ich lebe und wie dass Gott lebt: Soll die Seele Gott erkennen, so muss sie ihn außer Zeit und Raum erkennen. Und eine solche Seele erkennt Gott und weiß, wie nahe ihr Gottes Reich ist, das heißt Gott mit allem seinem Reichtum.

Die Meister haben viel Fragens in der Schule, wie das möglich sei, dass die Seele Gott erkennen möge? Es ist nicht Gottes Strenge, dass er so viel vom Menschen heischt; es liegt an seiner großen Milde, wenn er will, dass die Seele sich weiter mache, auf dass sie viel empfangen und er ihr viel geben könne. Niemand soll denken, dass es schwer sei, hierhin zu gelangen, wenn es auch schwer lautet und im Anfang auch schwer ist, im Abscheiden und Absterben von

allen Dingen. Aber wenn man hineinkommt, dann wird kein Leben leichter noch fröhlicher, noch minniglicher; denn Gott ist gar eifrig, allezeit bei dem Menschen zu sein, wenn anders der ihm nur folgen will.
Es begehrte noch nie ein Mensch ein Ding so sehr, als Gott begehrt, den Menschen dazu zu bringen, dass er ihn erkenne. Gott ist allezeit bereit, aber wir sind sehr unbereit; Gott ist uns nahe, aber wir sind ihm fern; Gott ist drinnen, wir sind draußen; Gott ist die Heimat, wir sind in der Fremde.
Der Prophet spricht: Gott führt die Gerechten durch einen engen Weg auf die breite Straße, damit sie in die Weite und Breite kommen, das heißt: in die wahre Freiheit des Geistes, der mit Gott ein Geist geworden ist, dass wir ihm alle folgen, dass er uns in sich bringe, dazu verhelfe uns Gott. Amen.

Meister Eckhart

Autorenverzeichnis

Aurelius Augustinus, 354–430, Bischof von Hippo, Kirchenvater.

Bail, Ulrike, geb. 1960, Studium der ev. Theologie und Germanistik, Dozentin für Altes Testament an der Ruhr-Universität Bochum.

Benedikt XVI. (Joseph Ratzinger), geb. 1927, 1977–1982 Erzbischof von München und Freising, danach Kurienkardinal in Rom, seit 2005 Oberhaupt der kath. Kirche.

Bernhard von Clairvaux, 1090–1153, Zisterzienserabt, Theologe und Mystiker.

Bolowich, Markus, geb. 1967, kath. Pfarrer von St. Martin in Bamberg.

Bonhoeffer, Dietrich, 1906–1945, luth. Theologe, Vertreter der bekennenden Kirche, Widerstandskämpfer gegen den Nationalsozialismus, ermordet im KZ Flossenbürg

Büscher, Wolfgang, geb. 1951, Journalist und Autor.

Ebach, Jürgen, geb. 1945, ev. Theologe, Professor für Exegese und Theologie des Alten Testaments sowie biblische Hermeneutik an der Ruhr-Universität Bochum.

Färber, Margret, geb. 1964, Referentin in der Ehe- und Familienseelsorge sowie der Frauenseelsorge im Ordinariat des Bistums Augsburg.

Gerhardt, Paul, 1607–1676, evang.-luth. Theologe und Pfarrer, einer der bedeutendsten deutschsprachigen Kirchenlieddichter.

Gottsmann, Eberhard, 1947–2000, Oberstudienrat und Priester.

Grün, Dr. Anselm OSB, geb. 1945, Studium der Philosophie, Theologie und Betriebswirtschaft, wirtschaftl. Leiter der Benediktinerabtei Münsterschwarzach und Autor spiritueller Bücher.

Guballa, Dr. Werner, geb. 1944, seit 2003 Weihbischof von Mainz.

Hebel, Johann Peter, 1760–1826, Hofprediger, Gymnasialdirektor und Professor für Dogmatik; bekannt für seine „Allemannischen Gedichte" und zahlreiche Kalendergeschichten.

Hertzsch, Klaus-Peter, geb. 1930, ev. Theologe, Dichter und Buchautor.

Huth, Roland, geb. 1960, seit 2000 Pfarrer der Pfarrei „Unsere Liebe Frau"/Frauenkirche in Nürnberg, leitender Pfarrer im Seelsorgebereich „Katholische Innenstadtkirche Nürnberg".

Johannes Paul II. (Karol Wojtyla), 1920–2005, 1978–2005 Oberhaupt der kath. Kirche.

Klevinghaus, Wilma, geb. 1924, Lehrerin und Pfarrfrau, mehrere Literaturpreise.

Lehmann, Dr. Karl, geb. 1936, seit 1983 Bischof von Mainz, 2001 Ernennung zum Kardinal, 1987–2008 Vorsitzender der Deutschen Bischofskonferenz.

Löwenstein, Martin SJ, geb. 1961, 2001–2009mHochschulpfarrer in Frankfurt/M., seit 2009 Pfarrer der Pfarrei St. Ansgar in Hamburg.

Luther, Martin, 1483-1546, theologischer Urheber und Lehrer der Reformation, Übersetzter der Lutherbibel.

Meister Eckhart, ca. 1260-1320, Dominikanerprediger, Theologe und Mystiker.

Mello, Anthony de SJ, 1931–1987, Studium der Philosophie, Theologie und Psychologie, Leiter eines Beratungs- und Ausbildungszentrum in Indien, spiritueller Lehrer und Autor.

Müller, Prof. Dr. Dr. habil. Klaus, geb. 1955, Prof. und Direktor des Seminars für philosophische Grundfragen der Theologie an der Kath.-Theol. Fakultät der Westfälischen Wilhelms-Universität Münster.

Multhaupt, Hermann, geb. 1937, Journalist, Theaterkritiker und Stückeschreiber, Autor zahlreicher Bücher; Journalistenpreis der Deutschen Bischofskonferenz und weitere Literaturpreise.

Neuenfeldt, Anke, evang.-method. Pastorin in Graz/Österreich.

Neymeyr, Dr. Ulrich, geb. 1957, seit 2003 Weihbischof von Mainz.

Nicolai, Philipp, 1556–1608, luth. Hofprediger und Pfarrer, Liederdichter.

Oosterhuis, Huub SJ, geb. 1933, niederländ. Theologe und Dichter.

Pesch, Rudolf, geb. 1936, bis 1984 Professor für neutestamentl. Exegese an der Universität Freiburg.

Pruppacher, Prof. em. Dr. Hans R., geb. 1930, emeritierter Professor am Institut für Physik der Atmosphäre an der Johannes-Gutenberg-Universität Mainz, Autor wissenschaftlicher Bücher und Artikel, Sammler und Herausgeber spiritueller Texte.

Reichelt, Bettine, geb. 1967, ev. Theologin, 1997–2000 Pfarrerin, seit 2003 freie Autorin und Lektorin.

Rumpius, Daniel, 1549–1600, Pfarrer und Kirchenlieddichter.

Sieger, Jörg, geb. 1960, kath. Pfarrer in Bruchsal.

Steffensky, Dr. Fulbert, geb. 1933, Theologe, Autor zahlreicher geistlicher Bücher.

Stutz, Pierre, geb. 1953, Schweizer kath. Theologe, lange Zeit Jugendseelsorger, Autor zahlreicher Bücher.

Symeon der Theologe, 949–1022, orthod. Kirchenlehrer und Dichter.

Trautwein, Dieter, 1928–2002, ev. Theologe, Texter und Komponist neuer geistlicher Lieder.

Walz, Friedrich, 1932–1984, evang. Pfarrer, kirchlicher Beauftragter für Hörfunk und Fernsehen, Lieddichter.

Wanke, Dr. Joachim, geb. 1941, seit 1994 Bischof von Erfurt.

Wiesemann, Dr. Karl-Heinz, geb. 1960, seit 2007 Bischof von Speyer.

Wussow, Manfred, geb. 1951, ev. Pfarrer in Aachen.

Zink, Dr. Jörg, geb. 1922, ev. Theologe, Pfarrer und Publizist, wichtiger Sprecher der Friedens- und Ökologiebewegung.

Zollitsch, Robert, geb. 1938, seit 2003 Erzbischof von Freiburg, seit 2008 Vorsitzender der Deutschen Bischofskonferenz.

Quellenverzeichnis

1. Adventswoche: In den Zeichen der Zeit

Friedrich Walz, Seht, die gute Zeit ist nah. Aus: Ders. (Hg.): Die ganze Welt hat sich gefreut. Erlanger Verlag für Mission und Ökumene, Neuendettelsau 3. Aufl. 1996, S. 17.

Jörg Sieger, Advent, eigentlich, Aus: Predigt zum 1. Adventssonntag am 6. Dezember 2006 in Bruchsal, © beim Autor, www.joerg-sieger.de.

Anke Neuenfeldt, Zeit der Erwartung. Aus: Predigt zum 1. Adventssonntag am 6. Dezember 2006 (mit Inspirationen aus: Für jeden leuchtet ein Stern, Weihnachtliche Texte, Herder 2006, S. 20 und 32ff), © bei der Autorin.

Karl Kardinal Lehmann, Was ist der Mensch ... Aus: Ders., Mensch Gott!, © St. Benno-Verlag, Leipzig, 2. überarb. u. erweit. Auflage 2005, S. 26 f.

2. Adventswoche: Eine Ahnung von Heil

Huub Oosterhuis, Um hier und jetzt, Aus: Ders., Auf halbem Weg, S. 20, aus dem Niederländischen von Peter Pawlowsky, © Herder & Co., Wien, 1976.

Benedikt XVI., Zeit der Hoffnung, © Libreria Editrice Vaticana, Città del Vaticano.

Margret Färber, Adventsmeditation, Aus: Advent. Zeit der Hoffnung. Hausgottesdienst der bayerischen Diözesen im Advent, Montag, 4. Dezember 2006, © bei der Autorin.

Ulrike Bail / Jürgen Ebach, Ein Traum von anderen

Leben, Ausschnitte aus einer am 10. Dezember (2. Advent) 2000 im Universitätsgottesdienst in Bochum gemeinsam gehaltenen Predigt über Jesaja 35; der ganze Text der Predigt findet sich unter http://wwwuser.gwdg.de/~unembac/archiv-3/001210-2.html, © bei den Autoren.

Markus Bolowich, Eine Ahnung von Heil, Predigt zum 3. Adventssonntag am 16. Dezember 2007, © beim Autor.

Pierre Stutz, Ich erlaube mir, nicht perfekt zu sein. Aus: Ders., Sei gut mit deiner Seele, HERDER spektrum Bd. 7052, S. 50–52, © Verlag Herder GmbH, Freiburg im Breisgau, 4. Auflage 2009.

3. Adventswoche: Sich auf den Weg begeben

Jörg Sieger, Einer, der weiß, wohin. Aus: Predigt zum 3. Adventssonntag am 14. Dezember 2003 in Bruchsal, © beim Autor, www.joerg-sieger.de.

Karl-Heinz Wiesemann, Macht euch bereit. Aus: Predigt in der Christmette 2008 im Dom zu Speyer (mit zahlreichen Anregungen aus: Hansjakob Becker u. a. (Hrsg.), Das Geistliche Wunderhorn, Große deutsche Kirchenlieder, München 2001, 159 ff.), © beim Autor.

Karl Kardinal Lehmann, Was habe ich davon? Aus: Predigt im Pontifikalamt am 1. Weihnachtsfeiertag am 25. Dezember 2006 im Hohen Dom zu Mainz, © beim Autor.

Antony de Mello, Wach auf! Aus: Ders., Der springende Punkt, Hrsg. von J. Francis Stroud SJ. Aus dem Englischen von Irene Lucia Johna, S. 13 f., © Verlag Herder GmbH, Freiburg im Breisgau, 6. Auflage 2008.

Katholische Internetseelsorge, Gott, meine belebende Sonne. © www.internetseelsorge.de.

4. Adventswoche: Fragende Wegbereitung

Anselm Grün, Bereitet dem Herrn den Weg, Aus: Ders., Ein Stern führt durch die Dunkelheit. © St. Benno-Verlag, Leipzig 2003, S. 16.

Fulbert Steffensky, Wie soll ich dich empfangen. Eine Auslegung. © beim Autor.

Hans R. Pruppacher, Maßstäbe. Aus: Gott ist näher, als du denkst, St. Benno-Verlag, Leipzig 2007.

Weihnachten: Glück des Menschen – Gott. Gottes Glück – Der Mensch

Dieter Trautwein, Weil Gott in tiefster Nacht erschienen, © Strube Verlag, München.

Johannes Paul II., Uns ist ein Kind geboren, © Libreria Editrice Vaticana, Città del Vaticano.

Markus Bolowich, „Auf der Suche nach der exakten Bedeutung von Glück". Aus: Predigt an Weihnachten 2005, © beim Autor.

Markus Bolowich, Die Würde des Menschen, Aus: Predigt an Weihnachten 2008, © beim Autor.

Benedikt XVI., Gottes Zeit und die Zeit des Menschen, © Libreria Editrice Vaticana, Città del Vaticano.

Dietrich Bonhoeffer, Von guten Mächten wunderbar geborgen. Aus: Widerstand und Ergebung © by Gütersloher Verlagshaus, Gütersloh, in der Verlagsgruppe Random House GmbH, München.

Hermann Multhaupt, Von guten Mächten wunderbar geborgen. Aus: Ein Engel möge dich begleiten, St. Benno-Verlag, Leipzig 2006, S. 113–127.

Neujahr: Gottes Segen in der Zeit

Klaus-Peter Hertzsch, Neujahrssegen, © beim Autor.

Klaus Müller, Lebensgeschichten. Aus: Predigt an Neujahr 2005, © beim Autor.

Joachim Wanke, Gebet für das neue Jahr. Aus: Friede sei mit euch. Gedanken zu Advent und Weihnachten. © St. Benno-Verlag, Leipzig 2004.

Martin Löwenstein, Innere (Gegen-)Kultur. Aus: www.martin-loewenstein.de, © beim Autor.

Epiphanie: Von neuer Gerechtigkeit Zeugnis geben

Robert Zollitsch, Ein anderer Weg. Predigt am Weihnachtsfest, 25. Dezember 2006, im Freiburger Münster, © beim Autor.

Manfred Wussow, Leuchtende Erkenntnis. Aus: Predigtgedanken zum Fest Erscheinung des Herrn am 6. Januar 2009.

Ulrich Neymeyr, Kinder suchen Frieden, Predigt zur Sternsingeraktion 2009 „Kinder suchen Frieden" (mit Auszügen aus der Arbeitshilfe der Aktion Dreikönigssingen 2009 [Werkheft und Bausteine für Gottesdienst und Katechese, © Kindermissionswerk „Die Sternsinger"]), © beim Autor.

Rudolf Pesch, Liebende Begegnung, © beim Autor.

Jörg Zink, Die Kraft investieren, Aus: Ders., Aufrecht unter dem Himmel, © Kreuz Verlag, Stuttgart 1994.

Taufe: Gott geht mit

Wilma Klevinghaus, Geh deinen Weg. © bei der Autorin.

Werner Guballa, Die Menschheitsfamilie – Gemeinschaft des Friedens. Predigt am Weltfriedenstag 2008 in der Kirche St. Joseph zu Alzey, © beim Autor.

Wolfgang Büscher, Es ist eigenartig ... Aus: Wolfgang Büscher, Berlin – Moskau. Eine Reise zu Fuß, Copyright © 2003 by Rowohlt Verlag GmbH, Reinbek bei Hamburg, S. 77.

Roland Huth, „Du wirst es morgen verstehen ...“. Geistlicher Impuls vom 15. Juni 2009. © beim Autor.

Alle Bibeltexte:
Einheitsübersetzung der Heiligen Schrift,
© 1980 Katholische Bibelanstalt Stuttgart